JESÚS REVELADO EN LOS TIEMPOS FINALES

Dr. Robert Jeffress

JESÚS REVELADO EN LOS TIEMPOS FINALES

Conocer a quien sostiene nuestro futuro, llena de esperanza nuestro presente

WHITAKER HOUSE
Español

JESÚS REVELADO EN LOS TIEMPOS FINALES
Conocer a quien sostiene nuestro futuro, llena de esperanza nuestro presente

Publicado originalmente en inglés en 2025 bajo el título
JESUS REVEALED IN THE END TIMES
Hope for Today from the One Who Holds Our Future
por Baker Books, una división de Baker Publishing Group
Grand Rapids, Michigan

Traducción al español por:
Belmonte Traductores
www.belmontetraductores.com

Editado por Henry Tejada Portales

ISBN: 979-8-88769-479-5
eBook ISBN: 979-8-88769-480-1
Impreso en los Estados Unidos de América

Whitaker House
1030 Hunt Valley Circle
New Kensington, PA 15068
www.espanolwh.com

Por favor, envíe sugerencias sobre este libro a: comentarios@whitakerhouse.com.

1 2 3 4 5 6 7 8 9 10 11 32 31 30 29 28 27 26 25

A Bob y Terry Rowling

Gracias por su fiel compromiso a compartir
las buenas nuevas de Jesucristo por todo el mundo
en estos últimos tiempos.
Amy y yo estamos eternamente agradecidos
por su amistad y su ánimo.

ÍNDICE

Cuando Cristo, [...] se manifieste, entonces también ustedes serán manifestados con él en gloria.

Colosenses 3:4

1

JESÚS EL TEMA DE LA PROFECÍA

¿Qué viene a tu mente cuando visualizas a Jesucristo? Si te pidiera que cerraras los ojos y pensaras en Jesús, ¿cómo describirías la imagen mental que tienes de Él?

Millones de personas lo imaginan exactamente como Jonathan Roumie.

Jonathan no es originalmente del cielo, sino del infierno: de "Hell's Kitchen" (La cocina del infierno), es así como llaman a Nueva York. Nació allí en 1974. De niño, Jonathan soñaba con ser astronauta, pero cuando estaba en la secundaria decidió producir películas. Al llegar a Hollywood probó con la actuación y apareció en algunos programas, pero como muchos otros aspirantes al estrellato, no consiguió destacar.

Finalmente, con solo veinte dólares en su cartera, su despensa casi vacía y un montón de facturas atrasadas, Jonathan se arrodilló y oró al Señor pidiéndole ayuda. Ese mismo día llegaron a su buzón unos cheques inesperados, pudiendo cubrir así sus necesidades. Dos meses después, le ofrecieron un papel en una nueva serie de televisión importante.

Interpretaría a Jesús de Nazaret en *The Chosen* (Los elegidos).[1]

Para millones de espectadores hoy, Jonathan Roumie es ahora el rostro de Jesús. "Jesús es el único personaje que no me importaría interpretar siempre", dijo recientemente. Sin embargo, algunos fans de *The Chosen* verdaderamente identifican a Roumie como Jesús y se acercan a él en lugares públicos, esperando erróneamente tener un encuentro espiritual. "Eso puede resultar difícil de sobrellevar", dijo. "Yo no soy Jesús".[2]

Roumie es solo uno de los incontables actores que han representado a Jesús en el teatro o la pantalla. De hecho, Jesús de Nazaret es probablemente el personaje más representado de la historia. Tan solo piensa en la cantidad de libros que le han descrito, pinturas que le han ilustrado, y actores que lo han interpretado, casi siempre como un tipo con cabello largo, barba y vestido con una túnica, aunque no sabemos exactamente cuál era el aspecto de Jesús. Todas estas descripciones han llegado a formar nuestra imagen mental de Jesús cuando vino a la tierra hace dos mil años como el Siervo sufriente.[3]

Pero ¿qué ocurre ahora? Jesús ya no es el Siervo sufriente que vemos en los Evangelios, sino el Salvador resucitado. La Biblia nos dice que cuando Jesús resucitó, recibió un nuevo cuerpo glorificado.[4] Y, cuarenta días después, en su ascensión, "fue recibido en el alto cielo y se sentó a la derecha de Dios" (Marcos 16:19).

Entonces, ¿cómo deberíamos pensar tú y yo ahora en ese Jesús que está en el cielo? Y cuando Jesús regrese en los últimos tiempos, ¿cómo se ampliará nuestra visión de Él cuando se revele entonces? Y, hablando de modo práctico, ¿cómo nos ofrece esperanza para hoy conocer a quien tiene nuestro futuro en sus manos?

Eso es lo que vamos a explorar en este libro.

Solo cuando comenzamos a entender quién es verdaderamente Jesús ahora y en la eternidad, es cuando podemos encontrar las respuestas a muchas de nuestras grandes preguntas, como:

- ¿Cuál es mi propósito?
- ¿Cómo puedo estar bien con Dios?
- ¿Qué me deparará el futuro?

Quiero enfocarme en esta última pregunta en este libro porque en estos tiempos convulsos, casi todas las personas con las que hablo están muy preocupadas por lo que nos vaya a pasar. Las condiciones del mundo están empeorando; las crisis económicas y políticas siguen aumentando; las pandemias y las guerras nos amenazan. Con cada nuevo ciclo de noticias que aparece, nos llevamos las manos a la cabeza y nos rascamos intentando descifrar lo que Dios está haciendo en el mundo. ¿Qué sucederá con nosotros?

En mi libro *Are We Living in the End Times?* [¿Estamos viviendo en los últimos tiempos?] di respuesta a esta pregunta, examinando lo que revela la Escritura acerca de los últimos años de la historia de la tierra antes de que el Señor cree un cielo nuevo y una tierra nueva, incluyendo el papel de Israel en el futuro, nuevos titulares que señalan los últimos días, y grandes acontecimientos que ocurrirán durante los últimos tiempos.[5] El futuro es fascinante, y animo a cada cristiano a estudiar la profecía bíblica. Como a menudo recuerdo a mi congregación, un claro entendimiento de la profecía nos ayuda a interpretar y aplicar correctamente toda la Biblia.

Sin embargo, aunque es importante para nosotros ser conscientes de los planes de Dios para el futuro, me inquieta que algunos creyentes se hayan preocupado tanto de intentar conocer bien todos los *detalles* de los últimos tiempos que quizás han perdido de vista el *tema* de los últimos tiempos: Jesucristo mismo. Por lo tanto, creo que es necesario otra aproximación al estudio de este tema para animar a los creyentes que puedan sentirse un tanto ansiosos por las cosas que sucederán.

LA PROFECÍA ES PARA LA CABEZA Y EL CORAZÓN

Cuando estaba en el seminario, mi profesor y mentor, el Dr. Howard Hendricks, a menudo recordaba a sus alumnos que el objetivo del estudio bíblico es más que aprender información. Escribió: "La Biblia se escribió no para satisfacer tu curiosidad sino para ayudarte a que seas conformado a imagen de Cristo. No para que seas un pecador más instruido, sino para que te parezcas al Salvador".[6] En otras palabras, Dios se reveló en la Escritura no meramente para iluminar nuestra mente sino también para avivar nuestro corazón, lo cual nos lleva a tener vidas semejantes a la de Cristo. Este doble propósito, cabeza y corazón, es aplicable también a la profecía bíblica.

Claro que hay un aspecto intelectual, o *mental*, en la profecía. Es importante aprender las particularidades de los últimos tiempos para poder conocer la verdad y evitar la falsa enseñanza. En su primera carta a los Tesalonicenses, el apóstol Pablo destacó esta necesidad de una información precisa con respecto a los últimos tiempos. "Hermanos, no queremos que ustedes se queden *sin saber*", escribió al explicarles la profecía a estos creyentes, que erróneamente pensaban que sus seres queridos fallecidos se habían perdido el regreso de Cristo (1 Tesalonicenses 4:13).

Pero hay un aspecto igualmente *sentido* en cuanto a la profecía bíblica que a menudo pasamos por alto. Por eso Pablo concluyó su enseñanza sobre los últimos tiempos a los creyentes tesalonicenses con esta exhortación: *Por lo tanto, anímense unos a otros con estas palabras* (v. 18). Pablo entendió que el propósito de la profecía bíblica no es solo educar la mente sino también animar el corazón para así poder experimentar paz y preparar nuestra vida para el regreso de Jesús.

La mejor manera de que tengamos esperanza para el presente es conocer a quien sostiene nuestro futuro. Así que en este libro, en lugar de guiarte a través de una detallada cronología de acontecimientos que ocurrirán en los últimos tiempos, quiero dirigir el haz de luz hacia Jesús, la Persona que será totalmente revelada en los últimos tiempos. Es mi deseo que cuando termines este libro, tengas un mayor entendimiento no solo de tu futuro, sino también de Jesucristo, que está en el centro de tu futuro.

Tú y yo podemos tener calma y valentía ante lo que está por llegar al conocer a Aquel que controla todo lo que es, lo que era, y lo que será. Como Jesús nos recordó en Apocalipsis 22:13: *Yo soy el Alfa y la Omega, el principio y el fin, el primero y el último.*

Y al final, todo se trata de Él.

EL TEMA DE LA BIBLIA ES UNA PERSONA

La mayoría de los cristianos estarían de acuerdo en que la Biblia habla de Jesús. No solo el Antiguo Testamento está lleno de profecías y figuras que anuncian la venida de Jesús, sino que Jesús mismo enseñó que Él es el tema de las Escrituras. En Juan 5:39 Jesús dijo a los líderes religiosos de su tiempo: *Ustedes estudian las Escrituras a fondo porque piensan que ellas les dan vida eterna. ¡Pero las Escrituras me señalan a mí!* (NTV). Y cuando el Jesucristo resucitado se encontró con dos discípulos que se preguntaban sobre los reportes de la resurrección, Él les señaló las Escrituras: *Y partiendo de Moisés, y siguiendo por todos los profetas, comenzó a explicarles todos los pasajes de las Escrituras que hablaban de él* (Lucas 24:27).

Jesús era el objeto de las plumas de todos los escritores bíblicos, ya sea que conocieran su nombre o no. Era Jesús a quien los profetas tenían en mente cuando escribieron sobre la primera venida del Mesías y la segunda venida del Rey. Jesús fue el agente de la creación del mundo (Colosenses 1:15-16), y será el enfoque del fin del mundo (Apocalipsis 22:20).

Para expresarlo de forma sencilla, ¡el mundo comienza y termina con Jesucristo!

Por lo tanto, si Jesús es el tema de la Biblia, el agente de la creación y el enfoque de nuestro futuro, entonces ¿qué nos muestran acerca de Jesús las profecías de los últimos tiempos? Y ¿cómo nos ayuda en el aquí y ahora el hecho de ver a Jesús revelado en los últimos tiempos?

La verdad es que por muy familiarizados que estemos con el Mesías prometido en el Antiguo Testamento, el Redentor resucitado de los Evangelios, y la Cabeza de la Iglesia en las epístolas, no entenderemos la totalidad de quién es el Señor Jesús ¡hasta que lo veamos en los últimos tiempos como el Rey victorioso, glorioso y reinante!

Creo que por eso, cuando el apóstol Juan narró sus visiones de los últimos tiempos, comenzó con estas palabras: "La revelación *de Jesucristo*" (Apocalipsis 1:1, RVR-60). Juan dejó claro que Dios le dio estos extraordinarios destellos del futuro no solo para revelar un plan sino también para revelar a una *Persona*. La palabra griega traducida como "revelación" es *apocalupsis*, de la cual tenemos *apocalipsis*, y significa revelar.[7] En otras palabras, la carta apocalíptica de Juan es la revelación de la Persona de Jesucristo. El libro de Apocalipsis comienza y termina con Jesús (1:1-2; 22:20-21), y todos los capítulos nos muestran más y más de nuestro Salvador a medida que lo vemos cumpliendo las promesas de Dios y estableciendo su reino tan esperando por tanto tiempo.

Como seguidores de Cristo, esperamos con gran anticipación el día en que Jesús regrese por nosotros y finalmente lo veamos ¡como verdaderamente es! En su primera epístola, Juan lo dijo así: *Amados, ahora somos hijos de Dios, y aún no se ha manifestado lo que hemos de ser. Pero sabemos que, cuando él se manifieste, seremos semejantes a él* porque lo veremos tal como él es. *Y todo aquel que tiene esta esperanza en él, se purifica a sí mismo, así como él es puro* (1 Juan 3:2-3).

Cuando Juan escribió estas palabras, había ministrado por casi sesenta años en un mundo lleno de violencia, maldad y caos (¿te suena familiar?). El anciano pastor sabía que a medida que este mundo se oscureciera más y más, debemos mantener nuestro enfoque en la Luz del mundo. Cuando nos recordamos a nosotros mismos que pronto veremos al Señor Jesús en todo su poder y gloria, nos llenamos de esperanza y nos sentimos motivados a vivir una vida consagrada y santa.

ESPERANZA

Se ha dicho que una persona puede vivir unos cuarenta días sin comida, unos tres días sin agua, unos ocho minutos sin aire, pero solo unos segundos sin esperanza.[8] En este mundo caótico e incierto, tú y yo necesitamos esperanza.

En términos bíblicos, la esperanza es la expectativa de acontecimientos venideros asegurados. La esperanza tiene que ver con el futuro. La esperanza no mira hacia atrás, sino hacia adelante. Pablo escribió: *¿Quién espera lo que ya ve? Pero si esperamos lo que todavía no vemos, en la espera mostramos nuestra constancia* (Romanos 8:24-25, NVI).

Aún no tenemos paz en la tierra, cuerpos imperecederos u hogares celestiales, pero en Cristo tenemos la anticipación cierta y segura de esas cosas, y esa esperanza debería brillar a través de nuestras actitudes cada día.

Seamos sinceros: la mayoría de las personas no vive con una gran anticipación del futuro, sino con una aprensión cada vez más grande de lo que está por llegar; sin embargo, la Palabra de Dios revela el control total de Cristo sobre todo el futuro. En los capítulos siguientes, veremos la huella soberana de Jesús en cada evento. Y su mano todopoderosa es la misma que nos guarda y nos guía. Jesús está obrando todo para nuestro bien según avanza el tiempo, y regresará otra vez para resolver nuestros problemas, restaurar nuestro planeta, y darnos un hogar eterno.

Tan solo piensa en ello: ¿qué pasaría si tú y yo fuéramos tan conscientes de la pronta venida de Jesús que nos despertáramos cada día con una sonrisa de esperanza celestial? ¡Qué gran diferencia marcaría esa perspectiva eterna en nuestras vidas actuales!

SANTIDAD

En segundo lugar, un estudio sincero de la profecía bíblica nos motiva a una mayor santidad personal. Recuerda que no estamos simplemente aprendiendo hechos sobre eventos futuros; estamos conociendo a una Persona: el Señor Jesucristo. Al ver a Jesús revelado en los últimos tiempos, queremos conocerlo mejor, anticiparlo más, y agradarle cada día.

En 2 Pedro 3 el apóstol Pedro señaló el efecto que debería tener el entendimiento de los últimos tiempos en nuestras vidas hoy: *Puesto que todo será deshecho, ustedes deben vivir una vida santa y dedicada a Dios* (v. 11). Luego continuó: *Por eso, amados hermanos, mientras esperan que esto suceda, hagan todo lo posible para que Dios los encuentre en paz, intachables e irreprensibles* (v. 14).

La profecía debería motivarnos a vivir dedicados a Dios. Nadie quiere ser sorprendido desprevenido cuando Jesús arrebate a su Iglesia o cuando regrese en la segunda venida. Cuando comprendemos lo repentino de su pronto regreso, ¡anhelamos más parecernos personalmente a Cristo!

ENTENDIENDO LOS ÚLTIMOS DÍAS Y LOS ÚLTIMOS TIEMPOS

Ya que este libro se enfoca en Jesucristo tal como será revelado en los últimos tiempos, necesitamos definir lo que queremos decir con "los últimos tiempos". Al estudiar pasajes bíblicos sobre el futuro, nos encontraremos con dos frases —*últimos días* y *últimos tiempos*— que a menudo se consideran sinónimas, aunque no lo son.

LOS ÚLTIMOS DÍAS

En la Biblia, la frase *últimos días* se refiere al tiempo entre la ascensión de Jesús al cielo y su regreso para arrebatar a la Iglesia al cielo en el rapto. En este sentido, hemos estado viviendo en los últimos días durante más de dos mil años mientras esperamos el regreso de Cristo.

El día de Pentecostés, cuando el Espíritu Santo se derramó sobre los discípulos, Pedro proclamó que se estaba cumpliendo la profecía sobre los últimos días de Joel 2:28-32: *Dios ha dicho: En los últimos días derramaré de mi Espíritu sobre toda la humanidad* (Hechos 2:17).

Más adelante, Pedro dijo de Cristo: *Que ya había sido destinado desde antes de que Dios creara el mundo, pero que se manifestó en estos* últimos tiempos *por amor a ustedes. Por él ustedes creen en Dios, que fue quien lo resucitó de los muertos y lo ha glorificado, para que ustedes tengan puesta su fe y su esperanza en Dios* (1 Pedro 1:20-21).

Entonces, en su segunda carta, Pedro animó a sus lectores a recordar lo que habían dicho los profetas del Antiguo Testamento y el propio Señor Jesús para que no fueran sorprendidos con respecto a los tiempos en los que vivían (2 Pedro 3:1-2). Pedro escribió: *Pero antes deben saber que en los* días finales *vendrá gente blasfema, que andará según sus propios malos deseos"* (v. 3).

En su carta de despedida a su discípulo Timoteo, Pablo advirtió: *También debes saber que en los* últimos días *vendrán tiempos peligrosos* (2 Timoteo 3:1). Pablo luego enumeró diecinueve cualidades impías que caracterizan los días en los que vivimos.

El autor del libro de Hebreos, refiriéndose a los profetas del Antiguo Testamento y al testimonio del Señor resucitado, escribió: *Dios, que muchas veces y de distintas maneras habló en otros tiempos a nuestros padres por medio de los profetas, en estos días* finales *nos ha hablado por medio del Hijo, a quien constituyó heredero de todo, y mediante el cual hizo el universo* (Hebreos 1:1-2).

Finalmente, el apóstol Juan dijo claramente que los tiempos en los que vivimos deberían considerarse como los últimos tiempos. En 1 Juan 2:18-19 escribió: *Hijitos, han llegado los* últimos tiempos; *y así como ustedes oyeron que el anticristo viene, ahora han surgido muchos anticristos [falsos maestros]; por esto sabemos que han llegado los* últimos tiempos. *Ellos salieron de nosotros, pero no eran de nosotros. Si hubieran sido de nosotros, habrían permanecido con nosotros. Pero salieron para que fuera evidente que no todos son de nosotros.*

Por lo tanto, el término *últimos días* en la Biblia equivale aproximadamente a la era de la Iglesia, que comenzó el día de Pentecostés. Este lapso de tiempo se llama un "misterio" en el Nuevo Testamento porque los profetas del Antiguo Testamento no lo previeron. En Romanos 11:25 Pablo explicó que durante este tiempo, los corazones de los judíos se han endurecido hacia el evangelio, y Dios ha abierto la salvación a los gentiles (no judíos). La era de la Iglesia terminará cuando "haya entrado la plenitud de los gentiles" y Jesús aparezca en el rapto para llevar a la Iglesia a estar con Él en el cielo.

LOS ÚLTIMOS TIEMPOS

La frase *últimos tiempos* se refiere a un periodo específico que comienza después de que Jesús aparezca en el aire para arrebatar a la Iglesia. Inmediatamente después del rapto, habrá siete años de terrible sufrimiento: un periodo que la Biblia llama la tribulación. Durante la tribulación, un dictador mundial llamado el Anticristo gobernará la tierra. A la mitad de esos siete años, este gobernante traicionará a Israel y desatará una persecución sin precedentes durante los últimos tres años y medio, un tiempo que se llama "la gran tribulación" (Mateo 24:21). La Biblia también se refiere a este periodo como "momentos angustiosos" (Daniel 12:1), "un día de tinieblas y de oscuridad" (Joel 2:2), "el fin del mundo" (Mateo 24:3), "la ira venidera" (1 Tesalonicenses 1:10) y "la hora de la prueba" (Apocalipsis 3:10). El clímax de la gran tribulación será una confrontación mundial llamada Armagedón, la cual terminará con el regreso visible de Jesucristo a la tierra, derrotando a sus enemigos y estableciendo su reino de mil años en Jerusalén.

Así que cuando hablo de los *últimos tiempos* en este libro, me refiero a la tribulación de siete años que comienza con el rapto de la Iglesia y concluye con la segunda venida de Jesús.[9]

JESÚS REVELADO EN LOS ÚLTIMOS TIEMPOS

Cada capítulo de este libro resaltará cierto aspecto de la actividad de Cristo al controlar los eventos futuros. Pero permíteme señalar que Jesús no está representando un papel, como si fuera un actor en un escenario, cuando hablamos de que es el Mesías, el Cordero o el Vencedor. Él personifica todas esas características todo el tiempo. Por ejemplo, el rey Carlos III de Inglaterra no *actúa* como rey solo cuando el papel lo requiere. Más bien, él *es* el rey de Inglaterra en todo momento. De la misma manera, Jesús es *siempre* Mesías, Rey, Señor, y todos los demás títulos usados para describir sus funciones en los últimos tiempos.

En los ocho capítulos que siguen, vamos a observar a Jesús a través del lente de cada uno de los siguientes roles, los cuales fueron revelados en su primera venida y se cumplirán plenamente en los últimos tiempos.

JESÚS EL MESÍAS

Aunque los últimos tiempos comenzarán oficialmente con el rapto de la Iglesia, nuestro estudio de Jesús en este libro comenzará un poco antes, con su primera venida en el siglo I d. C. ¿Por qué? Es fundamental entender la primera venida de Jesús antes de poder comprender su segunda venida.

Cuando Jesús ascendió al cielo, dos ángeles dijeron a los asombrados discípulos: *Este mismo Jesús, que ustedes han visto irse al cielo, vendrá de la misma manera que lo vieron desaparecer* (Hechos 1:11). El mismo Jesús que ascendió al cielo descenderá de la misma manera en el fin de los tiempos, así que necesitamos entender su rol como Mesías, el libertador tan esperado por Israel.

En este capítulo veremos que Jesús el Mesías fue prometido en el Antiguo Testamento y anunciado cuando entró en Jerusalén. Sin embargo, en cuestión de días, los cantos de alabanza del pueblo se convirtieron en gritos de condena.

Debido a que Israel rechazó a su Mesías, el Señor apartó a la nación por un tiempo y comenzó una nueva obra a través de aquellos que pusieron su fe en Jesús: la Iglesia. Este capítulo aborda aspectos significativos de estos últimos días y desafía a quienes afirmamos que Jesús es el Mesías a vivir una vida de piedad y consagración a este lado del rapto.

JESÚS EL PROFETA

Durante su vida terrenal, Jesús dijo muchas cosas profundas y sorprendentes. Todo lo que dijo fue absolutamente verdad, por lo que podemos confiar en Él con respecto a todo lo relacionado con nuestro futuro. Él conoce todos los detalles por venir, porque es nuestro Dios omnisciente cuya comprensión del futuro es tan completa como su conocimiento del pasado.

Jesús describió el futuro en su discurso del Monte de los Olivos en Mateo 24-25. Justo antes de su crucifixión, se sentó en el Monte de los Olivos, con vistas a Jerusalén y al majestuoso templo, y anunció el futuro de Israel. Algunas de sus profecías ahora son historia para nosotros, mientras que otras se cumplirán en los últimos tiempos. Como todas las profecías de la Biblia, las que ya se han cumplido nos dan confianza en la fiabilidad de las que aún no se han cumplido. Este capítulo distingue los eventos pasados de los futuros, explica cómo encajan Israel y la Iglesia en las profecías de Jesús, y nos anima a prepararnos para los días cada vez más difíciles antes de los últimos tiempos.

JESÚS EL CORDERO

En la historia de Israel, los corderos eran animales sacrificados que servían como sustitutos de Jesucristo, el Cordero perfecto de Dios, cuyo sacrificio pagó para siempre la deuda de los pecadores que acudían al tabernáculo y más tarde al templo en busca de perdón. Al comienzo del ministerio terrenal de Jesús,

Juan el Bautista anunció: *Éste es el Cordero de Dios, que quita el pecado del mundo* (Juan 1:29).

Más adelante, otro Juan (el apóstol) vio a Jesús entronizado como "el León de la tribu de Judá... y... un Cordero que estaba de pie y parecía haber sido inmolado" (Apocalipsis 5:5-6). El que nos redimió ahora reina en su trono a la derecha del Padre. Por su vida sin pecado y su obediencia perfecta, solo Jesús es digno de tomar el rollo de la ira de Dios y romper los sellos para revelar el juicio de Dios sobre los no redimidos de la tierra durante la tribulación. Este capítulo explora la naturaleza y el propósito de estos sellos, revela cómo el Cordero redimirá a los que se vuelvan a Él con fe durante la tribulación, y presenta el evangelio con claridad para que podamos escapar de la ira del Cordero al tener nuestros nombres escritos en el Libro de la Vida del Cordero.

No es de extrañar que con frecuencia tomemos prestado el canto que los ángeles cantarán cuando el Cordero reciba el rollo: "Digno es el Cordero" (Apocalipsis 5:12).

JESÚS EL VENCEDOR

El pueblo judío esperaba que el Mesías fuera un conquistador que derrocaría al Imperio romano. No entendieron que en su primera venida, Jesús vino a conquistar el pecado y la muerte: para redimir a Israel y a todos los que creyeran, para que pudiéramos, en palabras de Juan, "ser llamados hijos de Dios" (1 Juan 3:1). Sin embargo, en su segunda venida, Jesús descenderá como el Vencedor. Derrocará a sus enemigos e inaugurará un reino terrenal que durará mil años. Este capítulo explica estos eventos y nos recuerda que nuestra percepción a menudo es engañosa. Puede parecer que Satanás está ganando la batalla entre el bien y el mal, pero podemos tener esperanza porque Cristo, nuestro

Vencedor, dará un golpe mortal a la maldad en su segunda venida.

Por cierto, por eso tú y yo podemos ser "más que vencedores" hoy (Romanos 8:37, NVI).

JESÚS EL REY

Después de la gran victoria de Jesús en el Armagedón, cuando conquiste las fuerzas del mal, Jesús reinará en Jerusalén como el Rey prometido de Israel durante mil años. Aunque será un tiempo de paz universal, no todos los que vivan en el reino jurarán lealtad al Rey Jesús, lo que llevará a una rebelión final y al juicio. Este capítulo responde muchas de las preguntas que la gente tiene sobre el reino milenial y ofrece una advertencia de que el tiempo de salvación está cerca porque se aproxima un tiempo en el que será demasiado tarde. Por lo tanto, los que creemos debemos estar ocupados compartiendo con otros la salvación que ofrece el Rey. Este capítulo enfatiza una verdad maravillosa: el reinado de Jesús no es solo un evento futuro. Él es tu Rey y el mío ahora mismo.

JESÚS EL JUEZ

Pablo encargó a Timoteo que predicara el evangelio: *Que prediques la palabra; que instes a tiempo y fuera de tiempo* (2 Timoteo 4:2), porque llega un tiempo en el que la predicación cesará. Ese día es el día del juicio, cuando Jesús "juzgará a los vivos y a los muertos" (v. 1). Ninguno de nosotros escapará a su juicio. El autor de Hebreos lo expresó de este modo: *Y así como está establecido que los hombres mueran una sola vez, y después venga el juicio*" (9:27). Sin embargo, el juicio no ocurre todo al mismo tiempo, y los creyentes enfrentarán un juicio diferente al de los no creyentes. Este capítulo analiza esos juicios: cuándo ocurrirán, qué sucederá en ese momento, y las recompensas y castigos que se distribuirán. El capítulo también nos anima a seguir a Cristo plenamente en esta vida, porque las recompensas en la próxima vida son verdaderamente grandes.

JESÚS EL SEÑOR

Cuando el último eco del mazo de Cristo resuene y todos hayan recibido su recompensa o castigo, Jesús instituirá un reino que durará por la eternidad, donde la muerte y el luto, las lágrimas y el llanto, ya no existirán. La Nueva Jerusalén, la ciudad celestial, descenderá sobre la tierra renovada, y todos los redimidos del Señor entrarán a la eternidad con cuerpos glorificados para estar con el Señor para siempre. Este capítulo describe estos eventos y nos ofrece una palabra de esperanza: que Jesús no solo tiene el control total de nuestro presente, incluyendo los eventos que nos causan frustración y temor, sino que también tiene el control total de nuestro futuro eterno.

Así como todos los capítulos de la Biblia conducen a Apocalipsis 21 y 22 (la descripción de la Nueva Jerusalén), también todos los días y años de los hijos de Dios nos están conduciendo a nuestro hogar celestial. En este capítulo nos sentiremos animados por la imagen que tenemos de la eternidad.

JESÚS NUESTRO AMIGO

Después de descubrir cómo Jesús será exaltado y glorificado en los tiempos finales, podemos comenzar a sentirnos intimidados por el Rey majestuoso, triunfante y todopoderoso del universo; por lo tanto, este capítulo final nos recuerda que a lo largo de los reinos infinitos de la eternidad, Jesús no será un monarca distante e inaccesible. No se sentará en un trono lejano, detrás de muros imponentes o puertas impenetrables. No ocultará su presencia real de nosotros ni limitará su comunión con nosotros. En cambio, Él será para siempre también nuestro querido Amigo.

Como veremos, el capítulo final de la Biblia nos da esta hermosa visión de la intimidad que tendremos con Jesús, nuestro Amigo, en nuestro futuro eterno: *Allí no habrá maldición. El trono de Dios y del Cordero estará en medio de ella, y sus siervos lo adorarán y verán su rostro, y llevarán su nombre en la frente* (Apocalipsis 22:3-4).

VER EL FUTURO DESDE EL PÓRTICO DEL PRESENTE

En 2008, el programa *Saturday Night Live* hizo una parodia de la entonces candidata a la vicepresidencia Sarah Palin, afirmando: "¡Puedo ver Rusia desde mi casa!".[10] Por supuesto, no puedes ver Rusia desde Alaska a menos que estés de pie en la costa occidental de la última isla en la cadena de las Aleutianas, en un día despejado.

Sin embargo, sí puedes ver el futuro desde el porche de tu casa si tienes unos prismáticos lo suficientemente potentes; y me refiero a la Biblia. Al mirar a través de la Biblia podrás ver los eventos clave del futuro, aunque no te dirá cuán lejos estás de esos eventos.

Pero mientras miras hacia el futuro con tus prismáticos espirituales, los eventos solo están en el fondo. La figura que ves claramente destacándose sobre todos esos eventos es nuestro Señor y Salvador, Jesucristo. Él es el Alfa y la Omega, el principio y el fin. Él es Señor sobre nuestro pasado, nuestro presente y nuestro futuro. Y esa gloriosa visión de Jesús debería llenarnos a todos con una esperanza eterna.

2

JESÚS EL MESÍAS

Tim Gagnon es conocido como el "Pintor de fuego". Viaja de iglesia en iglesia, dando mensajes sobre Jesucristo mientras crea impactantes obras de arte en vivo sobre el escenario... ¡con sus pinceles ardiendo!

Más recientemente, Gagnon volcó su talento en la creación de una Biblia bellamente ilustrada, inspirada en algunos de los manuscritos dorados más famosos de la historia. Después de leer toda la Biblia para encontrar imágenes visuales de Jesucristo en cada uno de sus libros, Gagnon pintó sesenta y seis cuadros originales de estas imágenes proféticas. La *Biblia del Mesías Iluminado,* explicó Gagnon, "tiene un tema: 'Jesús el Mesías'".[1] Las pinturas en cada libro de la Biblia representan profecías o imágenes mesiánicas que han sido o serán cumplidas por Jesús. Cuando se ensamblan las sesenta y seis imágenes de la *Biblia del Mesías Iluminado,* las ilustraciones forman un retrato a tamaño real de Cristo en la cruz.[2]

Gagnon ha descubierto algo importante. Cuando tú y yo leemos nuestras Biblias, también podemos ver a Jesús revelado en cada libro, y todas las profecías e imágenes del Mesías en la Escritura se unen para señalarnos la cruz. Sin embargo, podríamos decir igualmente que todas las representaciones del Mesías en la Escritura también conducen a una corona. Sí, sabemos que la obra de Jesús como Mesías lo llevó a la cruz, pero no permaneció allí por mucho tiempo. Se levantó de la tumba, ascendió, y se sentó a la derecha del Padre. Y cuando venga de nuevo, finalmente veremos a Jesús el Mesías cumplir su papel como gobernante de un reino de justicia.

Para conocer a Jesús tal como realmente es ahora y cómo lo veremos cuando regrese, primero necesitamos entender su papel como el Mesías.

Como vimos en el capítulo 1, el tema de la Biblia es Jesús. Muchas profecías del Antiguo Testamento se refieren a su primera venida como el Mesías de Israel, y todas ellas se cumplieron al pie de la letra.[3] Pero en esas páginas antiguas también encontramos profecías sobre su segunda venida como el Mesías que aún no se han cumplido. En ellas se incluyen las promesas de Dios de que el Mesías derrotará a los enemigos de Israel y establecerá su reino de justicia en Jerusalén.

Por lo tanto, para entender las profecías de los últimos tiempos, primero debemos comprender las promesas de Dios a Israel acerca del Mesías y el futuro reino sobre el cual reinará el Mesías. Después, veremos la gloriosa promesa de la esperanza bendita que nos espera a todos los que conocemos a Jesús como Salvador.

LA PROMESA DE UN MESÍAS

Cuando se trata de la promesa de Dios de un Mesías, necesitamos entender el significado del término y lo que los judíos esperaban de su Mesías.

EL "UNGIDO"

La palabra hebrea que se traduce como "Mesías" (*mashíaj*) y la palabra griega que se traduce como "Cristo" (*Cristós*) significan lo mismo: "Ungido". Muchas personas suponen incorrectamente que Cristo es otro nombre de Jesús o incluso su apellido. Pero Cristo no es un nombre; es un título. Literalmente, Él es Jesús *el Ungido*: o Jesús *el Mesías*, Jesús *el Cristo*.

¿Qué significa ser ungido? En tiempos bíblicos, ungir a alguien con aceite era una señal de que Dios estaba infundiendo a esa persona una capacidad especial; por lo tanto, un "ungido" en la Escritura se refiere a alguien con un propósito especial ordenado por Dios.

La unción tiene una larga historia en la Biblia. Por ejemplo:

- Aarón fue ungido como sumo sacerdote por su hermano Moisés (Éxodo 30:30; Levítico 8:12, 30).
- David fue ungido como rey de Israel por el profeta Samuel (1 Samuel 16:12-13).
- Eliseo fue ungido como profeta de Israel por el profeta Elías (1 Reyes 19:16, 19).

Cada uno de estos hombres, que sirvieron respectivamente como sacerdote, rey y profeta, fue apartado por el Señor con una unción de aceite, lo cual simbolizaba que el Espíritu Santo venía sobre ellos temporalmente para ayudarlos a cumplir una tarea específica.

EXPECTATIVAS DEL MESÍAS

El Antiguo Testamento también anticipaba a un Ungido supremo que cumpliría los tres roles (profeta, sacerdote y rey) de una manera completa y eterna. Su vínculo con el Espíritu Santo sería permanente e inquebrantable. Este Ungido supremo cumpliría los planes de Dios para Israel y para toda la humanidad (Isaías 61:1-3; Daniel 9:25-26).

Miqueas 5:2 profetizó que el Mesías nacería en Belén, el lugar de nacimiento del rey David. Y, de acuerdo con el Salmo 2, este Ungido (v. 2) algún día será establecido como Rey en el monte santo de Jerusalén (v. 6), donde recibirá a las naciones del mundo como su herencia y los confines de la tierra como su posesión (v. 8). Desde su trono divino, este Ungido creará orden a partir del caos, corregirá lo que está mal, y llevará los tiempos y las estaciones a su conclusión predeterminada.

Aunque el pueblo judío anticipaba con entusiasmo la llegada del Mesías prometido por Dios, no se ponían de acuerdo sobre exactamente quién sería el Mesías o qué haría. La visión predominante durante el primer siglo era que el Mesías venidero sería una figura regia que gobernaría la nación de Israel con sabiduría, traería paz a la tierra, y proclamaría la victoria sobre los poderes gentiles, como los romanos.[4]

EVIDENCIA DE JESÚS COMO EL MESÍAS

Los Evangelios nos proporcionan varias evidencias que señalan a Jesús como el Mesías, el Ungido definitivo de Dios. Permíteme destacar cinco de ellas.[5]

Primero, *el testimonio de Juan el Bautista*. La anticipación judía de que Dios cumpliría pronto sus promesas de liberación y establecería un reino a través del Mesías estaba profundamente arraigada en las Escrituras hebreas y había alcanzado su punto álgido en la época del nacimiento de Jesús.[6] En particular, el ministerio de Juan el Bautista preparó al pueblo judío para la llegada del Mesías. El ángel Gabriel anunció el propósito del ministerio de Juan a su padre, Zacarías: *Y lo precederá* [al Mesías] *con el espíritu y el poder de Elías, para hacer que los padres se reconcilien con sus hijos, y para llevar a los desobedientes a obtener la sabiduría de los justos. Así preparará bien al pueblo para recibir al Señor* (Lucas 1:17).

Juan el Bautista desempeñó un papel similar al del himno "Hail to the Chief" (¡Salve al jefe!), que anuncia la llegada del presidente de los Estados Unidos. Cuando Jesús se presentó ante Juan para ser bautizado, Dios ungió a Jesús con el Espíritu Santo y lo llamó "Hijo" (Lucas 3:21-22). El mensaje de Juan el Bautista era sencillo: *Arrepiéntanse, porque el reino de los cielos se ha acercado*; en otras palabras, el Mesías prometido había llegado (Mateo 3:2).

Segundo, *las afirmaciones de Jesús*. Cuando Jesús apareció, predicó el mismo mensaje mesiánico que Juan: *Arrepiéntanse, porque el reino de los cielos se ha acercado* (Mateo 4:17). Después de comenzar su ministerio público, Jesús fue a su pueblo natal de Nazaret, entró en la sinagoga en el día de reposo, y tomó el rollo de Isaías. Con todos los ojos puestos en Él, Jesús leyó este pasaje: *El Espíritu del Señor está sobre mí. Me ha ungido para proclamar buenas noticias a los pobres; me ha enviado a proclamar libertad a los cautivos, a dar vista a los ciegos, a poner en libertad a los oprimidos y a proclamar el año de la buena voluntad del Señor* (Lucas 4:18-19).

Sus oyentes sabían que esta profecía de Isaías (61:1-2) se refería al Mesías, lo que explica su reacción cuando Jesús cerró el rollo y declaró: *Hoy se ha cumplido esta Escritura delante de ustedes* (Lucas 4:21). Los líderes religiosos se enfurecieron por la afirmación de Jesús de ser el Ungido de Dios, por lo que "lo echaron fuera de la ciudad, y lo llevaron hasta la cumbre del monte sobre el que estaba edificada la ciudad, para despeñarlo" (Lucas 4:29). He estado en Nazaret y también he ido a ese precipicio. Si Jesús no hubiera escapado (Lucas 4:30), probablemente habría muerto contra las rocas de abajo.

El ministerio de Juan el Bautista preparó el camino para el Mesías (Malaquías 3:1; Mateo 3:3). Cuando vio a Jesús acercarse para ser bautizado, Juan declaró: *Éste es el Cordero de Dios, que quita el pecado del mundo. Él es de quien yo dije: "Después de mí viene un varón, el cual es antes de mí; porque era primero que yo"* (Juan 1:29-30). En otras palabras, estaba diciendo: "¡Miren, aquí está el Ungido, el Mesías!".

Sin embargo, cuando Juan el Bautista después languideció en la prisión de Herodes y Jesús no se levantó para liberarlo, Juan comenzó a preguntarse si Jesús era realmente el Ungido. Juan envió a dos discípulos a preguntarle a Jesús: *¿Eres tú aquel que había de venir, o esperaremos a otro?* (Mateo 11:3). Jesús respondió: *Vuelvan y cuéntenle a Juan las cosas que han visto y oído. Los ciegos ven, los cojos andan, los leprosos son limpiados, los sordos oyen, los muertos son resucitados, y a los pobres se les anuncian las buenas noticias* (vv. 4-5). Todo sucedió tal como Isaías lo había anunciado sobre el Mesías.

Si esas afirmaciones no fueran suficientes, la conversación de Jesús con la mujer samaritana junto al pozo también ofrece una evidencia clara de que Él afirmó ser el Mesías (Juan 4:1-26). Jesús le dijo que "la salvación viene de los judíos" (v. 22), lo cual ella reconoció al decir: *Yo sé que el Mesías, llamado el Cristo, ha de venir; y que cuando él venga nos explicará todas las cosas* (v. 25). Jesús le dijo claramente: *Yo soy, el que habla contigo* (v. 26).

Tercero, *la confesión de Pedro*. Mientras las multitudes veían a Jesús simplemente como un rabino o un hacedor de milagros, el apóstol Pedro reconoció a Jesús como "el Cristo [el Mesías], el Hijo del Dios viviente" (Mateo 16:16). Jesús elogió a Pedro, diciendo: *Bienaventurado eres, Simón, hijo de Jonás, porque no te lo reveló ningún mortal, sino mi Padre que está en los cielos* (v. 17).

Cuarto, *la afirmación de Marta*. Cuando Marta reprendió suavemente a Jesús por no haber estado presente para sanar a su hermano Lázaro antes de que muriera (Juan 11:1-6, 20-22), Jesús respondió: *Yo soy la resurrección y la vida; el que cree en mí, aunque esté muerto, vivirá. Y todo aquel que vive y cree en mí, no morirá eternamente. ¿Crees esto?* (vv. 25-26). La respuesta sincera de Marta fue rotunda: *Sí, Señor; yo he creído que tú eres el Cristo, el Hijo de Dios, que has venido al mundo* (v. 27).

Quinto, *la reprensión de los fariseos*. Cuando Jesús entró en Jerusalén, según Lucas 19:37-39, sus discípulos lo aclamaron como el Rey de los judíos. Esto fue apropiado porque cumplía lo que Daniel había profetizado cientos de años antes. En una de las predicciones más notables y precisas del Antiguo Testamento, Daniel prometió que antes de la (primera) aparición del Mesías, los judíos exiliados en Babilonia experimentarían 483 años desde la promulgación del decreto para reconstruir Jerusalén (9:25), y luego se presentaría "el Mesías Príncipe". Esa presentación tuvo lugar el 30 de marzo del año 33 d. C., cuando Jesús el Mesías entró montado en el pollino de un asno en Jerusalén, entre los vítores del pueblo.[8]

Los fariseos reprendieron a Jesús por no reprender a sus discípulos, quienes lo alababan como el Mesías. Aludiendo a Habacuc 2:11, la respuesta de Jesús fue contundente: *Si éstos callaran, las piedras clamarían* (Lucas 19:40). Por supuesto, pocos días después, también en cumplimiento de la profecía de Daniel de que "se le quitará la vida al Mesías, sin que él intervenga en esto" (9:26), la multitud que había gritado celebrando a su Rey venidero gritaría para condenarlo y crucificar a su Rey.

Estas cinco referencias en los Evangelios nos muestran que Jesús y sus discípulos estaban convencidos de que Él era (y es) el Mesías prometido, el que "vino a lo suyo": a la nación de Israel (Juan 1:11).

CUMPLIMIENTO ESCATOLÓGICO DE JESÚS COMO EL MESÍAS

Hasta ahora hemos visto que a lo largo de los Evangelios y de las cartas del Nuevo Testamento, Jesús es revelado como el Ungido: el Mesías o Cristo; pero el papel de Jesús como el Mesías prometido por Dios no termina ahí. Jesús también es revelado como el Mesías (o el Cristo) nueve veces en el libro profético de Apocalipsis, incluyendo:

- *Esta revelación Dios se la dio a* Jesucristo *para que mostrara a sus siervos lo que pronto tiene que suceder* (1:1).
- *Los reinos del mundo han llegado a ser de nuestro Señor y de su* Cristo; *y él reinará por los siglos de los siglos* (11:15).
- *¡Aquí están ya la salvación y el poder y el reino de nuestro Dios, y la autoridad de su* Cristo! (12:10).

Todas las promesas del Antiguo y del Nuevo Testamento referentes al Profeta, Sacerdote y Rey Ungido de Dios se cumplirán de manera final y plena cuando Jesús el Mesías regrese en su segunda venida. En ese momento, Jesús cumplirá su papel como el Mesías prometido a Israel al asumir el trono de David, reinar sobre la nación de Israel como Rey, gobernar a su pueblo con justicia y sabiduría, y dominar la tierra para su gloria.

No deberíamos pensar en el mesianismo de Jesús como una característica pasada de su vida que se cumplió en la cruz. ¡Lo mejor aún está por llegar! Como el Ungido especial de Dios con poder eterno, Jesús el Mesías gobernará y reinará por siempre, sirviendo como nuestro Profeta, Sacerdote y Rey supremo y eterno.

EL RECHAZO DE LOS JUDÍOS HACIA JESÚS COMO EL MESÍAS

Aunque Jesús "vino a lo suyo" y se presentó a Israel como su Mesías durante el primer siglo, "los suyos no lo recibieron" (Juan 1:11). En cambio, lo rechazaron y lo crucificaron.

Cuando los judíos rechazaron a Jesucristo, Dios pausó su cronómetro en lo que respecta a Israel. Dios ya no está tratando con Israel como antes; en cambio, estamos viviendo en la era de la Iglesia. En esta era, Dios ha apartado temporalmente a Israel para darles a los gentiles la oportunidad de ser salvos a través de la Iglesia (Romanos 9–10).

La Iglesia fue el gran "misterio" en el plan de Dios que fue revelado por Pablo (Efesios 5:32). El misterio era que los gentiles llegarían a ser coherederos de la promesa de Dios junto con los judíos (2:19; 3:8-10). Por esta razón, aunque Dios no se retractó de su promesa de liberar a Israel, sí apartó a Israel por un periodo de tiempo y actualmente está obrando a través de la Iglesia para bendecir al mundo con el mensaje del evangelio.

¿Significa eso que Dios terminó con Israel? Pablo respondió enfáticamente: *Por lo tanto, pregunto: ¿Acaso Dios desechó a su pueblo? ¡De ninguna manera!* (Romanos 11:1). Como Pablo era judío, este no era un asunto menor para él. Más adelante en Romanos 11 escribió: *Hermanos, no quiero que ignoren este misterio, para que no se vuelvan arrogantes. Parte de Israel se ha endurecido, y esto será así hasta que se haya incorporado la totalidad de los no judíos* (v. 25). El cronómetro de Dios para Israel está en pausa; estamos viviendo en el tiempo de la Iglesia, cuando los gentiles también pueden ser salvos. La era de la Iglesia comenzó en el día de Pentecostés y terminará con el arrebatamiento de la Iglesia, cuando seamos llevados a estar con el Señor en el cielo.

Después del arrebatamiento, Dios reiniciará su cronómetro para terminar su obra con Israel. Durante los siete años de tribulación, o los "tiempos de angustia para los de Jacob" (Jeremías 30:7), Dios traerá retribución sobre Israel por haber rechazado a Jesús como Mesías; pero también redimirá a aquellos que confíen en Él como Mesías. Dios quiere que su pueblo, Israel, sea salvo; por lo tanto, aunque derramará su justa ira sobre el Israel incrédulo y sobre el mundo durante la tribulación, su esperanza es que su ira produzca arrepentimiento.

En Romanos 11:26-29 Pablo anticipó el arrepentimiento de Israel cuando vean a Jesús aparecer en su gloriosa segunda venida: *Y después de eso todo Israel será salvo. Como está escrito: "El Libertador vendrá de Sión, y apartará de Jacob la impiedad. Y éste será mi pacto con ellos, cuando yo quite sus pecados". Así que, en cuanto al evangelio, son enemigos por causa de ustedes; pero en cuanto a la elección, son amados por causa de sus antepasados. Porque los dones y el llamamiento de Dios son irrevocables.*

Observa la palabra *irrevocables*. Aunque Israel está experimentando actualmente un endurecimiento parcial como consecuencia de su rechazo a Jesús como el Mesías, Dios no se ha retractado de su promesa de darles una tierra permanente sobre la cual el Mesías reinará algún día. Las promesas de Dios a Israel de que el Mesías vendrá y establecerá su reino en Jerusalén están garantizadas y son inalterables.

LA PROMESA DEL REINO DEL MESÍAS

Hasta ahora hemos visto que Dios cumplió su promesa a Israel de enviar al Mesías: Jesucristo. Ahora veamos cómo Dios cumplirá su promesa de dar a Israel una tierra permanente sobre la cual gobernará el Mesías.

En Génesis 12:1, cuando Dios llamó a Abraham desde Ur a "la tierra que te mostraré", el Señor prometió no solo hacer de él una gran nación (v. 2), sino también proveer una patria permanente para sus descendientes (vv. 5-7). Dios dijo: *Levanta ahora tus ojos, y desde el lugar donde estás mira hacia el norte y hacia el sur, hacia el oriente y el occidente. Toda la tierra que ves, te la daré a ti y a tu descendencia para siempre. Yo haré que tu descendencia sea como el polvo de la tierra. Si hay quien pueda contar el polvo de la tierra, entonces también tu descendencia podrá ser contada. Levántate, recorre la tierra a todo lo largo y lo ancho de ella, porque a ti te la daré* (13:14-17).

Casi veinticinco años después, el Señor repitió su promesa a Abraham (17:19-21). Entonces Dios hizo el mismo pacto con

Isaac, hijo de Abraham (26:1-5), con su nieto Jacob (35:9-15), y con sus descendientes (50:24).

Siglos después, cuando los judíos estaban a punto de ser expulsados de la tierra por los babilonios, el profeta Jeremías proclamó la palabra del Señor, diciendo: *Yo los haré habitar en este lugar, en la tierra que les di a sus padres para siempre* (Jeremías 7:7). Dios prometió que Israel sería "ante mí una nación para siempre" (31:36), poseyendo de manera permanente toda la tierra entre el río Éufrates y el mar Mediterráneo (Josué 1:4).

EL DESPLAZAMIENTO DE ISRAEL DE LA TIERRA PROMETIDA

Junto con la promesa de Dios de dar a Israel una tierra permanente, hubo una promesa en sentido contrario: si el pueblo desobedecía, sería desplazado temporalmente de esa tierra. Moisés advirtió a los israelitas: *Si no tienes cuidado de poner por obra todas las palabras de esta ley escritas en este libro, ni temes este nombre glorioso y temible: EL SEÑOR TU DIOS,... ¡Serán arrancados de la tierra de la cual van a tomar posesión! El Señor te esparcirá por todos los pueblos, de un extremo al otro de la tierra; allí servirás a dioses ajenos de madera y de piedra, que ni tú ni tus padres conocieron jamás* (Deuteronomio 28:58, 63-64).

Y, efectivamente, eso fue lo que sucedió. Después de la conquista de la tierra y la muerte de Josué, el pueblo se rebeló contra Dios, contra los líderes que Él había puesto, y contra su ley. El libro de Jueces lo describe así: *Y cada quien hacía lo que le parecía mejor* (21:25).

Rechazando la provisión de Dios, el pueblo de Israel clamó por tener un rey para poder ser "como todas las naciones" (1 Samuel 8:20). El viejo dicho es cierto: "Ten cuidado con lo que pides, porque podrías obtenerlo". Pues bien, Israel obtuvo su rey, Saúl, pero les costó caro.

Después de la muerte del rey Salomón, estalló una guerra civil que dividió a Israel en el reino del norte (Israel) y el reino del sur (Judá).

El reino del norte cayó de lleno en la idolatría y en la maldad. En el año 722 a. C., el Señor levantó a los asirios, quienes atacaron Israel, matando a muchos de los que vivían allí y capturando a otros. Los judíos del reino del norte no regresaron a la tierra que Dios había prometido a su antepasado Abraham, sino que fueron asimilados por la cultura pagana de los asirios.

El reino del sur tuvo una sucesión de reyes buenos, con algunos malvados entre ellos. Pero, al igual que sus hermanos y hermanas del norte, ellos también adoraron a otros dioses, y su cultura se volvió tan perversa que Dios envió a los babilonios, gobernados por Nabucodonosor, para destruir la nación de Judá. En el año 586 a. C. Jerusalén pereció en llamas y el templo de Dios fue destruido.

Los judíos exiliados de Judá permanecieron en Babilonia durante setenta años (Jeremías 25:11; Daniel 9:2), después de los cuales el Señor les permitió regresar a su tierra natal, donde reconstruyeron los muros de Jerusalén, la ciudad y el templo.

Con el paso de los siglos, la tierra prometida fue ocupada por los medos y persas, los griegos y, finalmente, los romanos. Luego, "cuando se cumplió el tiempo señalado, Dios envió a su Hijo, que nació de una mujer y sujeto a la ley, para que redimiera a los que estaban sujetos a la ley, a fin de que recibiéramos la adopción de hijos" (Gálatas 4:4-5), el Mesías prometido, quien "vino a lo suyo" (Juan 1:11) y bendijo al mundo con la gracia y la salvación de Dios.

Sin embargo, como hemos visto, "los suyos no lo recibieron" (v. 11). Nadie conocía mejor que Jesús las consecuencias que Israel enfrentaría por este rechazo. Él se lamentó sobre Jerusalén y anhelaba abrazar a su pueblo, pero ellos se negaron. *¡Jerusalén, Jerusalén, que matas a los profetas y apedreas a los que son enviados a ti!*, habló entre lágrimas. *¡Cuántas veces quise juntar a tus hijos, como junta la gallina a sus polluelos debajo de sus alas, y no quisiste!* (Mateo 23:37). Jesús anunció las terribles consecuencias de su rechazo: *¡Miren cuán desolada se queda la casa de ustedes! Porque yo les digo que no volverán a verme, hasta que digan: "Bendito el que viene en el nombre del Señor!"* (vv. 38-39).

En Mateo 24, cuando Jesús y sus discípulos salían del templo, alguien le señaló la belleza del edificio (v. 1).[9] Nuestro Señor se sentó en el Monte de los Olivos y anunció lo que le sucedería al templo: *¿Ven todo esto? De cierto les digo, que no quedará aquí piedra sobre piedra. Todo será derribado* (v. 2).

Esto se cumplió en el año 70 d. C., cuando el ejército del general romano Tito arrasó Jerusalén, una vez más destruyendo la ciudad y el templo.[10] Incontables judíos fueron asesinados, capturados y dispersados, tal como Dios lo había advertido. Si hoy visitas Jerusalén, puedes ver las enormes piedras que fueron derribadas cuando los romanos incendiaron el templo. Estas piedras rompieron el pavimento bajo ellas, cumpliendo la predicción de Jesús en Mateo 24:2.[11]

En el año 132 d. C., la continua rebelión de los judíos contra Roma llevó al emperador Adriano a ordenar que las tropas completaran la destrucción de Jerusalén que había comenzado

Tito, esclavizando a los cautivos y vendiéndolos a comerciantes extranjeros que los llevaron al exilio. Los judíos que escaparon a la captura huyeron.[12]

LA REPOSESIÓN DE ISRAEL DE LA TIERRA PROMETIDA

Cuando Mark Twain visitó la Tierra Santa en 1867, describió la escena desoladora: "Las colinas están áridas, tienen un color apagado, su forma no es pintoresca. Los valles son desiertos desagradables bordeados por una débil vegetación que parece triste y desalentada... Es una tierra desesperanzada, sombría, con el corazón roto".[13]

Eso comenzó a cambiar el 14 de mayo de 1948, cuando la nación de Israel fue reconocida formalmente. Ese día, Dios cumplió parcialmente otra promesa que había hecho al pueblo judío (la de recuperar su tierra natal), tal como lo expresó por medio del profeta Ezequiel: *Pueblo de Israel, no lo hago por ustedes, sino por causa de mi santo nombre,... Yo los recogeré de todas las naciones y países, y los traeré de vuelta a su tierra* (36:22, 24).

La mayoría de los judíos que viven hoy en Israel se consideran seculares y piensan poco en el Mesías. Otros, como los judíos ortodoxos, esperan con ansias la venida del Mesías.[14] Pero ya sean seculares, ortodoxos, o estén en algún punto intermedio, los judíos en la actualidad en su conjunto siguen siendo infieles a Jesús el Mesías. Cuando Él regrese en su segunda venida, tristemente, para muchos será demasiado tarde para alabarlo como el Mesías. Para los demás será un tiempo de gran celebración, clamando: *¡Bendito el que viene en el nombre del Señor!* (Lucas 13:35).

EL REINADO FUTURO DEL MESÍAS DESDE LA TIERRA PROMETIDA

En 2018 tuve el honor de ofrecer la oración de dedicación para la apertura de la embajada de los Estados Unidos en Jerusalén. Pero, a pesar de cuán histórico fue ese día, cuando Jesús el Mesías regrese en su segunda venida y establezca su capital en Jerusalén, no habrá necesidad de embajadas, porque el Mesías será Rey, y su reinado será mundial.

¡Recuerda que Dios aún no ha terminado con Israel! Él cumplirá todas sus promesas al pueblo judío. Como ya hemos visto, cuando Cristo aparezca para arrebatar a la Iglesia, los cristianos se encontrarán con Cristo en el aire, y la era de la Iglesia llegará a su fin. En ese momento, Dios volverá a enfocarse en la nación de Israel y reiniciará su cronómetro para completar su obra con Israel durante la tribulación.

Durante los siete años de tribulación, Israel pasará por un tiempo de gran angustia (Jeremías 30:3-7),[15] el Señor pondrá un nuevo corazón en su pueblo (Ezequiel 11:19; 36:26-28), y los judíos finalmente reconocerán a Jesús como el Mesías, arrepintiéndose por lo que le hicieron (Zacarías 12:10-14). Ese día aún está por llegar y se cumplirá en la segunda venida de Jesús, cuando regrese a la tierra al final de la tribulación y establezca su reino en Jerusalén, donde reinará durante mil años (veremos esto con más detenimiento en el capítulo 6).

Durante ese glorioso milenio, Israel finalmente poseerá completamente la tierra que Dios le prometió: *Su territorio se extenderá desde el desierto y el Líbano, hasta el gran río Éufrates, y toda la tierra de los hititas, hasta el mar grande, donde se pone el sol* (Josué 1:4). ¡Jesús el Mesías reinará desde allí sobre toda la tierra!

LA PROMESA DE ESPERANZA

Tengo un amigo que dice: "Con Dios, una promesa hecha es una promesa cumplida". En este capítulo hemos visto dos promesas significativas que Dios hizo a los judíos: un Mesías prometido y una tierra prometida desde la cual el Mesías algún día reinará. A pesar de la desobediencia de Israel y de su rechazo a Jesús como el Mesías, la promesa de Dios sobre la tierra de Israel es un regalo irrevocable, cuya etapa inicial de recuperación comenzó en 1948, y la etapa final ocurrirá después de la segunda venida de Jesús.

¿Qué significan las promesas de Dios a Israel para nosotros, que somos miembros no judíos de la Iglesia de Cristo?

Para nosotros, las promesas de Dios a Israel son promesas de esperanza: que Dios cumplirá todo lo que ha dicho sobre los últimos tiempos. Estas promesas de esperanza, como veremos, incluyen escapar del tiempo de tribulación; ser elogiados por Cristo cuando estemos ante Él, y recibir recompensas en el tribunal de Cristo; experimentar la transformación de la muerte, devastación y desesperación de hoy, en vida, preservación y gozo mañana; y vivir la alegría de saber que nosotros y nuestros seres queridos "estaremos siempre con el Señor", Jesús el Mesías, por la eternidad (1 Tesalonicenses 4:17, RVR-60).

¡Piensa en lo que estas promesas de esperanza significan para ti!

El *New York Times* publicó recientemente un artículo titulado "Para disfrutar más la vida, abraza la anticipación". El autor comenzaba describiendo cómo una mujer llamada Alle Pierce planea sus vacaciones. Con meses de antelación, Pierce crea una hoja de cálculo con todo lo que quiere hacer y ver. Investiga hoteles y restaurantes. Descarga una foto de su destino y la usa como fondo de pantalla en su teléfono. Ella dijo: "Lo más emocionante de un viaje es la anticipación previa". El psicólogo Simon A. Rego estuvo de acuerdo, diciendo: "Imaginar cosas buenas que nos esperan nos hace sentir mejor en el momento actual. Puede aumentar la motivación, el optimismo y la paciencia, y disminuir la irritabilidad".[16]

La Biblia llama al regreso de Jesús el Mesías nuestra "bendita esperanza" (Tito 2:13). Esta esperanza nos bendice, alimenta nuestra anticipación, y nos anima a mirar al futuro con entusiasmo. Meditar en el regreso inminente de Jesús el Mesías aumenta nuestra motivación y optimismo cada día. Profundiza nuestra paciencia y disminuye nuestra irritabilidad. Nos da la bendición de contemplar el futuro con paz, deleite y emoción.

Ten la seguridad de que llegará el día en que todos los creyentes se reunirán en el cielo para decir *Alabado sea el Señor, quien ha dado descanso a su pueblo Israel, tal como lo prometió. No ha faltado ni una sola palabra de todas las promesas maravillosas que hizo mediante su siervo Moisés* (1 Reyes 8:56, NTV).

3

JESÚS EL PROFETA

Entre los futuristas modernos, uno de los más populares es Kai-Fu Lee, un empresario taiwanés y científico de la computación que vive en Beijing. Su reciente libro *AI 2041: Ten Visions of Our Future* [IA 2041: Diez visiones de nuestro futuro], sugiere cómo podría ser nuestro mundo en el año 2041. Él cree que nuestro mundo sufrirá una transformación profunda mediante la inteligencia artificial.

Según Lee, esto significa "la pérdida de trabajos tradicionales, una abundancia de bienes sin precedente, una disparidad exacerbada, una carrera armamentística de armas autónoma, dilemas entre la privacidad y la felicidad, y la búsqueda humana de un propósito mayor. Estos son cambios profundos, y quizás los humanos los aceptemos con compasión, los explotemos con malicia, nos rindamos a ellos con resignación, o nos veamos inspirados por ellos para reinventarnos a nosotros mismos".[1]

Lee cree que pronto tendremos acceso a una inteligencia artificial que "te conocerá mejor de lo que tú te conoces... La

IA podrá recomendarte productos que desearás incluso antes de que lo notes, y podrá recomendar parejas románticas y amistades compatibles según tus afinidades conocidas".[2]

Pero Lee también expresa inquietudes sobre el avance de la inteligencia artificial. "Cuando la IA pueda ver, reconocer, entender y sintetizar objetos, también podrá manipularlos y crear imágenes y videos que sean indistinguibles de la realidad". Él dice que viviremos "un futuro en el que las personas ya no podrán confiar en sus propios ojos para distinguir los videos reales de los falsos". En otras palabras, el engaño será desenfrenado y casi indetectable.[3]

Lee cree que para el año 2041 estaremos usando lentes de contacto que grabarán cada momento de nuestros días, proporcionándonos una "reserva de memoria infinita" y una "inmortalidad digital". Todo lo que hagamos y cada palabra que digamos será almacenada y preservada; presumiblemente disponible para agencias gubernamentales y también para personas curiosas de futuras generaciones.[4] También habla sobre los peligros catastróficos de las futuras armas autónomas, diseñadas para buscar, atacar y matar personas sin intervención humana. Esta nueva generación de armamento será impulsada por IA y computación cuántica.[5]

Podría seguir con las predicciones de Lee, pero para ser sincero, me parecen un poco aterradoras. ¡No es de extrañar que la gente sienta temor por el mundo del mañana!

¿Cómo te sientes tú con respecto al futuro? ¿Puedes imaginar el mundo al que se enfrentarán tus hijos y nietos dentro de medio siglo?

Nadie, ni Kai-Fu Lee ni nadie más, puede predecir el futuro. Solo pueden intentar adivinarlo. Solamente Dios conoce el mañana, y ha escrito el único Libro sobre el futuro que es correcto en cada predicción que hace. Además, hay un solo Profeta supremo que habló con autoridad sobre estos temas: Jesucristo.

EL PROFETA QUE SIEMPRE TIENE LA RAZÓN

Juan 6:14 describe a Jesús como "el profeta que había de venir". En Lucas 7:16 la multitud asombrada dijo: *Un gran profeta se ha levantado entre nosotros*. Según los apóstoles, Jesús cumplió la predicción de Moisés de que surgiría un gran profeta para instruir a Israel (Hechos 3:22; 7:37). Recuerda también que las primeras palabras del último libro de la Biblia declaran a Jesús como Profeta: *Esta revelación Dios se la dio a Jesucristo para que mostrara a sus siervos* lo que pronto tiene que suceder (Apocalipsis 1:1).

Nuestro Señor Jesús es el único Profeta del que nunca tenemos que preocuparnos por si se equivoca. Durante sus tres años de ministerio en la tierra, anunció correctamente varias cosas que sucedieron tal como Él dijo:

- Uno de sus discípulos lo traicionaría (Mateo 26:21).
- Sería arrestado (Mateo 17:22).
- Pedro lo negaría (Mateo 26:34).
- Sería burlado, escupido y azotado (Marcos 10:34).
- Sería crucificado (Mateo 20:19).
- Resucitaría de entre los muertos al tercer día (Marcos 9:31).

- La Iglesia surgiría después de su muerte (Mateo 16:18).
- El Espíritu Santo descendería sobre sus seguidores (Juan 16:7-15).
- Su pueblo sería odiado por el mundo y perseguido (Mateo 15:18).
- Jerusalén y su templo serían destruidos (Mateo 24:1-2).

Todo lo que Jesús dijo se cumplió exactamente como lo anunció. Eso nos llena de esperanza y nos anima a estar absolutamente seguros de que todas sus demás predicciones también se cumplirán, ¡incluyendo las que proclamó sobre los eventos que rodean su regreso!

En este capítulo, veremos tres eventos futuros que Jesús el Profeta, describió: el rapto, los últimos tiempos, y su segunda venida.

JESÚS PREDIJO EL RAPTO

La era en la que vivimos, la cual comenzó el día de Pentecostés y terminará con el rapto, a menudo se denomina la "era de la Iglesia". Los profetas del Antiguo Testamento no anticiparon la Iglesia ni predijeron el rapto, el evento durante el cual Jesús se llevará a la Iglesia de la tierra antes de que comience la tribulación. Los profetas del Antiguo Testamento estaban enfocados en Israel, pero el rapto no tiene que ver con Israel, sino con la Iglesia. Por eso muchos eruditos bíblicos creen que Jesús, como Cabeza de la iglesia, es el primer Profeta en describirlo.

¿QUÉ ES EL RAPTO?

La palabra *rapto* significa ser "arrebatado" (1 Tesalonicenses 4:17). La palabra griega es *harpazo*. Traducida al latín, es *rapturo* o rapto. El rapto de la Iglesia es el evento futuro en el que Jesús retirará de la tierra a todos los cristianos en vida.

En Juan 13:33 Jesús dijo a sus discípulos: *Hijitos, aún estaré con ustedes un poco. Y me buscarán. Pero lo que les dije a los judíos, les digo a ustedes ahora: A donde yo voy, ustedes no pueden ir.* Esta afirmación aparentemente decepcionó a los discípulos, así que Jesús continuó: *No se turbe su corazón... En la casa de mi Padre hay muchos aposentos. Si así no fuera, ya les hubiera dicho. Así que voy a preparar lugar para ustedes. Y si me voy y les preparo lugar,* vendré otra vez, y los llevaré conmigo, *para que donde yo esté, también ustedes estén* (14:1-3). Jesús estaba anunciando que Él volvería del cielo y llevaría a su pueblo consigo, cuerpo y espíritu, para que podamos estar donde Él está. Aunque esta profecía también es aplicable a su segunda venida, algunos comentaristas dicen que además podría ser la primera promesa del rapto en la Escritura.

Hay dos etapas en las futuras venidas de Cristo. Primero, Él vendrá en las nubes y desde el cielo raptará a su Iglesia, y esa aparición pondrá en marcha la cuenta atrás en el cronómetro profético de Dios que da comienzo a los últimos tiempos: la tribulación. Después, al término de los siete años de tribulación, Jesús aparecerá de nuevo en el cielo, pero no se quedará ahí como lo hizo durante el rapto. Esta vez Jesús descenderá, y sus pies tocarán la tierra en su segunda venida.

Para ser justos, si Juan 14 fuera toda la información bíblica que tuviéramos sobre el arrebatamiento, no sabríamos bien qué pensar, aparte de que Jesús prometió regresar y llevarnos a vivir con Él en el cielo. Afortunadamente, la Escritura nos da una revelación adicional sobre el arrebatamiento, especialmente en 1 Tesalonicenses 4:13-18 y 1 Corintios 15:51-58.[6]

A menudo he citado el pasaje en 1 Tesalonicenses en funerales y servicios en el cementerio. Nos parecemos mucho a los creyentes en Tesalónica, que se preguntaban si volverían a ver a sus seres queridos fallecidos. Pablo les aseguró que llegará un momento en que los creyentes que han muerto resucitarán físicamente para vida eterna. Él pudo hacer esta afirmación porque Jesús resucitó físicamente después de su crucifixión. Pablo escribió: *Hermanos, no queremos que ustedes se queden sin saber lo que pasará con los que ya han muerto, ni que se pongan tristes, como los que no tienen esperanza. Así como creemos que Jesús murió y resucitó, así también Dios levantará con Jesús a los que murieron en él* (1 Tesalonicenses 4:13-14).

Esto no era una opinión personal de Pablo; él dijo que era una revelación divina del propio Jesús: *Les decimos esto* como una enseñanza del Señor (v. 15). Pablo estaba tan convencido de que los muertos en Cristo resucitarían y acompañarían al Señor en el arrebatamiento, tal como Jesús lo prometió en Juan 14, que apostó su vida por ello. Aparentemente, incluso pensaba que el arrebatamiento ocurriría durante su vida, ya que continuó diciendo: *Nosotros, los que vivimos, los que habremos quedado hasta que el Señor venga, no nos adelantaremos a los que murieron* (v. 15).

El arrebatamiento no ocurrió durante la vida de Pablo, algo que Jesús nunca prometió, pero Pablo entendió correctamente que podría ocurrir en cualquier momento. Luego nos dio un esquema de lo que ocurrirá en el arrebatamiento de la Iglesia.

En primer lugar, *la aparición de Jesús será anunciada de manera sobrenatural.* Justo antes de que Jesús aparezca en el cielo, habrá una cacofonía de sonidos: *Con voz de mando, con voz de arcángel y con trompeta de Dios* (v. 16). En tiempos bíblicos, el sonido de una trompeta solía anunciar la llegada de un emperador o general. ¡Esta trompeta angelical será lo suficientemente fuerte como para despertar a los muertos literalmente!

En segundo lugar, *Jesús descenderá del cielo* (v. 16). Aparecerá en las nubes, listo para llevar a cabo el mayor éxodo masivo que el mundo haya visto. En ese momento, Jesús no descenderá hasta la tierra. El énfasis del arrebatamiento no está tanto en *su venida* como en *nuestra partida.*

En tercer lugar, *los muertos en Cristo resucitarán* (v. 16). Los cuerpos de todos los que murieron confiando en Cristo se volverán a reunir y volarán para encontrarse con Cristo en el aire; sí, incluso aquellos que murieron en incendios, fueron devorados por bestias o se disolvieron en polvo. Aquel que nos formó puede resucitarnos. Así como Jesús resucitó de entre los muertos en cuerpo y en gloria, también los cuerpos de los creyentes muertos resucitarán en gloria y serán reunidos con sus espíritus, que han estado con el Señor desde su muerte (2 Corintios 5:8).

En cuarto lugar, *los creyentes que estén vivos en ese momento serán arrebatados y transformados.* Pablo escribió: *Luego nosotros, los que aún vivamos y hayamos quedado, seremos arrebatados juntamente con ellos en las nubes, para recibir en el aire al Señor* (1 Tesalonicenses 4:17). En ese momento, los creyentes vivos serán transformados "en un instante, en un abrir y cerrar de ojos, cuando... lo corruptible se vista de incorrupción, y lo mortal se vista de inmortalidad" (1 Corintios 15:52-53). En otras palabras, nuestros cuerpos físicos cambiarán en un instante: nuestra naturaleza pecaminosa será eliminada, y se nos darán cuerpos glorificados similares al de Cristo después de su resurrección.

En quinto lugar, *estaremos con Jesús para siempre.* Pablo concluyó con una nota de alegría: *Y así estaremos con el Señor siempre. Por lo tanto, anímense unos a otros con estas palabras* (1 Tesalonicenses 4:17-18). Este pasaje me llena de esperanza porque pienso en una parcela de terreno en Van Alstyne, Texas, donde están enterrados los cuerpos de mi bisabuela, abuela, abuelo, madre y padre. Ese lugar ha sido escenario de algunos de los días más tristes de mi vida. Pero un día, ese lugar se transformará en gozo porque la tierra de los muertos se convertirá en la tierra de los resucitados cuando Jesús regrese para arrebatar a su Iglesia.

¿CUÁNDO ES EL RAPTO?

La cronología del rapto ha sido cuestión de debate durante siglos, pero hay tres posturas principales: (1) justo antes de la tribulación, (2) en la mitad de la tribulación de siete años, y (3) justo antes de la segunda venida de Jesús al final de la tribulación.

Yo creo que la mejor evidencia bíblica respalda la primera de esas opciones, que se llama la postura del "rapto pretribulacional". Hay varias razones para sostener esta opinión, pero creo que hay tres argumentos que son los más sólidos.[7]

Primero, *la ausencia de un lenguaje parecido al de la tribulación en 1 Tesalonicenses 4:13-18.* Los tesalonicenses estaban experimentando una intensa persecución en el momento en que Pablo escribió la carta, así que no habría sido raro que pensaran que el rapto era parte de la tribulación. De hecho, el gran pasaje de Pablo sobre el rapto habría sido el lugar lógico para abordar la posibilidad de que los creyentes experimentaran toda o parte de la tribulación del tiempo del fin antes del rapto, si ese fuera el caso. Pero no lo hizo.

Segundo, *la ausencia de la Iglesia en Apocalipsis 6–18.* Casi todos están de acuerdo en que estos capítulos describen la tribulación; sin embargo, en ningún lugar de estos capítulos podemos encontrar a la Iglesia. La Iglesia es el enfoque de Apocalipsis 1–5 y 19–21, entonces ¿por qué está ausente en el corazón del libro? La respuesta más obvia es porque la Iglesia no está presente en la tierra durante la tribulación.

Tercero, *la promesa de Dios de proteger a los creyentes de su ira.* Tres veces en el Nuevo Testamento, Jesús prometió que los creyentes escaparán de su ira derramada sobre el mundo. Pablo dijo que Jesús "nos libra de la ira venidera" (1 Tesalonicenses 1:10) y que "Dios no nos ha puesto para sufrir el castigo" (5:9). En la carta a la iglesia en Filadelfia, Jesús dijo: *Yo también te protegeré a la hora de la prueba, la cual vendrá sobre el mundo entero para poner a prueba a cuantos habitan en la tierra* (Apocalipsis 3:10).

Pablo presentó el rapto en 1 Tesalonicenses 4:13-18 como un evento inminente. Ningún pasaje en la Biblia predice que deba suceder otro evento antes del rapto, lo que lo convierte en el siguiente episodio en el calendario profético de Dios. Esto debería darnos una sensación de emoción cada día.

Cuando pienso en el rapto, recuerdo una historia que leí no hace mucho tiempo sobre el primer puerto espacial del Reino Unido para el lanzamiento de cohetes verticales. La construcción del lugar se interrumpió por un tiempo cuando los excavadores descubrieron un cementerio que data de hace cuatro mil años. Eso es aproximadamente la misma época en que vivió Abraham. El descubrimiento emocionó a los arqueólogos británicos, quienes estudiaron el lugar antes de que se completara la construcción. Ahora, una plataforma de lanzamiento se encuentra sobre esas tumbas.[8]

¿Puedo sugerir que cada cementerio que contiene a un hijo de Dios se convertirá en una plataforma de lanzamiento en el rapto? Cuando suene la trompeta y el ángel grite, los muertos en Cristo se elevarán como cohetes, seguidos por los vivos que serán arrebatados detrás de ellos, volando gloriosamente para encontrarse con su amado Salvador en el aire.

JESÚS PREDIJO LOS ÚLTIMOS TIEMPOS

Ahora veamos lo que Jesús predijo sobre los eventos que se desarrollarán antes de su regreso. En Mateo 24–25 Jesús enseñó sobre los últimos tiempos mientras estaba sentado en el Monte de los Olivos, al este de Jerusalén, lo que da a este sermón su nombre tradicional como el Discurso del Monte de los Olivos. En este pasaje, Jesús el Profeta compartió varios detalles sobre los últimos tiempos.

Poco antes, Jesús había mencionado la próxima destrucción del templo. Los discípulos preguntaron: "Dinos, ¿cuándo sucederá todo esto, y cuál será la señal de tu venida y del fin del mundo?". Evidentemente tenían en mente el orden prescrito de los eventos del tiempo del fin que presentó el profeta Zacarías: Jerusalén sufriría destrucción (14:1-2), luego el Mesías regresaría con poder y pondría fin a la era presente (vv. 3-8), y finalmente el Mesías establecería su reino terrenal (vv. 9-11).

Jesús no respondió específicamente a la primera parte de la pregunta de los discípulos sobre la destrucción del templo, que tuvo lugar en el año 70 d. C., como vimos en el capítulo 2. Pero en Mateo 24:4-22 sí dio detalles de cómo sería el futuro para

Israel hasta y durante la tribulación de siete años, así como las señales que precederán a su segunda venida (vv. 23-31).

SEÑALES DE LOS ÚLTIMOS TIEMPOS

En el Discurso del Monte de los Olivos, Jesús describió cinco señales que precederán a su regreso. Al considerar brevemente cada una de estas señales, recuerda que, si bien en cierto sentido estamos viendo muchas de estas cosas suceder en este momento, también es cierto que muchas de ellas han ocurrido a lo largo de la historia. En el capítulo 1 expliqué que creo que estamos viviendo en lo que la Biblia llama "los últimos días". A medida que veamos aparecer estas cinco señales cada vez más en las noticias alrededor del mundo, creo que estamos en los últimos de los últimos días antes de que Jesús arrebate a la Iglesia y comience la tribulación.

La primera señal del fin de los tiempos es el *engaño espiritual*. Jesús dijo: *Cuídense de que nadie los engañe. Porque muchos vendrán en mi nombre, y dirán: "Yo soy el Cristo", y engañarán a muchos* (vv. 4-5). Actualmente tenemos nuestra cuota de falsos mesías que difunden falsos evangelios. Juan nos advirtió que tengamos cuidado con ellos, diciéndonos que "el espíritu del anticristo, el cual ustedes han oído que viene, y que ya está en el mundo" (1 Juan 4:3). Aunque ha habido charlatanes y embaucadores religiosos en todas las épocas, Jesús dijo que a medida que nos acerquemos al fin, veremos un aumento en el número de estos falsos maestros.

Todo este engaño de parte de Satanás y sus demonios llegará a un clímax durante la tribulación. Cuando todos los creyentes en la tierra sean arrebatados repentinamente para estar con Jesús en el rapto, el auge de los falsos mesías se volverá mucho más generalizado porque el poder del Espíritu Santo que refrena habrá sido retirado (2 Tesalonicenses 2:6-7). El engaño religioso se intensificará y aumentará como nunca antes hasta culminar con el anticristo profanando el templo en Jerusalén, cuando todo el mundo será obligado a adorarlo a él y al poder que está detrás de su gobierno: Satanás (Apocalipsis 13:4, 8, 15).

La segunda señal de los tiempos es el *conflicto internacional*. Jesús continuó: *Ustedes oirán hablar de guerras y de rumores de guerras; pero no se angustien, porque es necesario que todo esto suceda* (Mateo 24:6). El filósofo británico Thomas Hobbes afirmó, en esencia, que "la guerra es el estado natural de la humanidad".[9] Ciertamente lo parece. Desde el asesinato de Abel a manos de Caín, hemos estado enfrentados entre nosotros.

Durante los últimos años hemos estado viendo conflictos internacionales en una escala sin precedentes, y Jesús dijo que esta es una señal de su pronto regreso. A medida que las guerras continúen arrasando la tierra durante la tribulación, nuestro planeta se verá envuelto en los conflictos más mortales que jamás haya conocido la humanidad. El punto culminante será la batalla de Armagedón y el conflicto anunciado en Zacarías 14:2-5.

La tercera señal de los tiempos son los *desastres naturales*. Jesús prosiguió diciendo: *Y habrá hambre y terremotos en distintos lugares* (Mateo 24:7). Aunque podamos oír hablar de desastres naturales o experimentarlos en una escala creciente durante estos últimos días, debemos recordar que un aumento en estos eventos simplemente indica que el fin se acerca, no que ya estamos en los últimos tiempos. Como hemos visto, la tribulación no comienza hasta *después* de que Jesús arrebate a la Iglesia. Lo mismo sucede con los huracanes, tornados, incendios forestales, erupciones volcánicas, plagas de insectos, inundaciones y sequías. Y, aunque hoy en día enfrentamos plagas, como tristemente experimentamos durante la crisis del COVID-19, nada se comparará con los desastres que golpearán al mundo después del rapto de la Iglesia.

Jesús siguió diciendo: *Todo esto será solo el comienzo de los dolores* (Mateo 24:8). Así como una mujer embarazada comienza a experimentar dolores de parto como señal de que el día del nacimiento de su bebé se acerca, estas señales de los tiempos aumentarán en intensidad y frecuencia para indicar que nuestra era presente está llegando a su fin y que el rapto está a la vuelta de la esquina.

La cuarta señal que Jesús describió es la *persecución de los cristianos*. Jesús profetizó: *Entonces los entregarán a ustedes para ser torturados, y los matarán, y todos los odiarán por causa de mi nombre* (v. 9). Los judíos tienen una larga historia de persecución, al igual que los cristianos. Pero las atrocidades pasadas parecerán insignificantes en comparación con lo que vendrá en el futuro. Aquellos que lleguen a la fe después del rapto experimentarán una intensificación de la persecución a medida que la tribulación se acerque a su final. Las fuerzas del anticristo buscarán destruir a todo creyente.

La quinta señal de los tiempos es la *apostasía generalizada*. Jesús dijo: *En aquel tiempo muchos tropezarán, y unos a otros se traicionarán y odiarán. Muchos falsos profetas se levantarán, y engañarán a muchos; y tanto aumentará la maldad que el amor de muchos se enfriará* (vv. 10-12). Cuando Jesús habló de apostasía, se refería a personas que dicen ser creyentes, pero que en los últimos días se apartarán de esa fe y tratarán de desviar a tantos como puedan.

Durante la tribulación, no habrá refugios seguros para los cristianos. Los seguidores de Jesús serán perseguidos y acosados, y algunos serán entregados a las autoridades por personas en quienes confiaban. Muchos que profesan ser cristianos cederán a la tentación de abandonar su fe para escapar de la persecución.

Otros serán engañados por una explosión de mentiras. Si has pasado tiempo en redes sociales, sabes cuán difícil puede ser distinguir entre la mentira y la verdad. Durante la tribulación, los falsos profetas harán que las mentiras parezcan verdad y que la verdad parezca mentira. Recuerda lo que dije al comienzo del capítulo: la inteligencia artificial ya está haciendo que sea casi imposible detectar lo que es real y lo que es falso.

Esta persecución, apostasía, odio y mentiras abundarán durante la tribulación porque el amor de las personas por Dios y por los demás se habrá enfriado. Pablo se refirió a un día venidero en el que las personas serían "amantes de sí mismos... más que de Dios" (2 Timoteo 3:2, 4). Siempre que pongamos estas prioridades en desorden, podemos estar seguros de que el amor por los demás se volverá frío como piedra y aumentará la transgresión de la ley. El que está detrás de todo esto es el monstruo al que Pablo llamó "el hombre de pecado" y "ese malvado" (2 Tesalonicenses 2:3, 8): el Anticristo.

LA INFLUENCIA DEL EVANGELIO

En un giro inesperado, Jesús nos dio a continuación una profecía extraordinaria sobre los últimos tiempos. Dijo en Mateo 24:14: *Y este evangelio del reino será predicado en todo el mundo para testimonio a todas las naciones, y entonces vendrá el fin.*

Observemos el orden en la profecía de Jesús. Primero, describió las señales de los tiempos y los eventos de la tribulación.

Luego dijo que el evangelio se predicará en todo el mundo, y entonces vendrá el fin. Así que, en el Discurso del Monte de los Olivos, "el fin" se refiere a la segunda venida del Señor Jesucristo, no al arrebatamiento.

A menudo he oído a maestros de la Biblia aplicar mal este versículo. Incluso pastores lo han usado como incentivo para recolectar fondos para las misiones. Dicen cosas como: "Enviemos misioneros porque tan pronto como el evangelio se predique a todos en el mundo, Jesús va a arrebatar a la Iglesia". ¿Lo has escuchado antes? Ahora bien, todos deberíamos apoyar a los misioneros, pero esto no tiene nada que ver con el arrebatamiento. No hay ninguna señal, ninguna profecía que deba cumplirse antes de que la Iglesia sea llevada en el arrebatamiento. El contexto de Mateo 24 es la segunda venida de Cristo. Jesús estaba diciendo que habrá un periodo final de tiempo antes de su segunda venida cuando el evangelio será predicado hasta los confines de la tierra.

¿Cómo se producirá esta tremenda expansión del evangelio? Este evento se describe en el libro de Apocalipsis, donde aprendemos que el Señor enviará a 144 000 judíos a predicar el evangelio del reino durante la tribulación (Apocalipsis 7:1-8; 14:1-5), exhortando a las personas a prepararse para la llegada del Mesías.

Solo cuando esto haya sucedido, Jesucristo regresará a la tierra en su segunda venida y establecerá su reino.

LA ABOMINACIÓN DESOLADORA

Hasta este punto, las profecías de Jesús sobre los últimos tiempos se han expresado en términos generales, pero en la siguiente parte de su discurso, Jesús se volvió muy específico.

Dijo: *Por tanto, cuando en el lugar santo vean la abominación desoladora, de la que habló el profeta Daniel (el que lee, que entienda), los que estén en Judea, huyan a los montes* (Mateo 24:15-16).

Como hemos visto, Daniel anunció que el anticristo establecería un tratado de paz con Israel, permitiendo a los judíos adorar en su templo recién construido en Jerusalén. Pero en la mitad del periodo de siete años, violará el tratado, eliminará los sacrificios y ofrendas, y establecerá un ídolo en el templo: lo que Daniel llamó "la abominación desoladora" (Daniel 11:31; 12:11).

Este es el punto de inflexión en la tribulación de siete años, que conduce a lo que Jeremías llamó "tiempos de angustia para los de Jacob" (Jeremías 30:7) y Jesús llamó la "gran tribulación" (Mateo 24:21). Aunque la tribulación será a nivel mundial, los últimos tres años y medio estarán dirigidos contra los judíos. Por eso Jesús dijo que cuando el anticristo rompa su tratado con Israel y profane el templo, "los que estén en Judea, huyan a los montes" (v. 16). Deben correr por sus vidas, sin detenerse a recoger pertenencias personales (vv. 17-18). Las mujeres deberían esperar no estar embarazadas ni amamantando (v. 19) porque esas condiciones físicas dificultarán su huida. Y todos los judíos deberían orar para que esto no ocurra en los meses de invierno ni en un día de reposo, porque viajar en invierno es difícil, y los judíos observantes podrían dudar en correr en sábado (v. 20).

Tan terrible será la última mitad de la tribulación que Jesús dijo: *Porque entonces habrá una gran tribulación, como no la ha habido desde el principio del mundo hasta ahora, ni la habrá jamás* (v. 21). En comparación, la exterminación de seis millones de judíos por parte de los nazis durante la Segunda Guerra Mundial será como una sola gota de agua en el océano. Y los millones incontables que han muerto en todas las guerras de la historia humana combinadas no serán más significativos que un niño que juega con soldaditos de juguete en su cuarto. La muerte reinará en la tierra durante esos años finales antes del regreso de Cristo. Jesús dijo: *Si aquellos días no fueran acortados, nadie sería salvo, pero serán acortados por causa de los escogidos* (v. 22). Y, sin embargo, esos días serán acortados porque Jesús tendrá compasión de "los escogidos": su pueblo elegido (los judíos) y los que hayan llegado a la fe en Él durante la tribulación.

JESÚS PROFETIZÓ SU SEGUNDA VENIDA

Eso plantea una pregunta crucial: ¿cómo serán acortados esos días? ¡La respuesta es la segunda venida de Jesucristo! Después de advertir sobre falsos mesías, Jesús dijo que su regreso sería como un rayo que cruza el cielo: inconfundible e imposible de pasar por alto. Dijo: *Porque la venida del Hijo del Hombre será como el relámpago que sale del oriente y puede verse hasta el occidente* (Mateo 24:27).

El profeta Zacarías ya había insinuado esto al decir: *Entonces se verá cómo el Señor los cubre, y cómo su dardo sale como un relámpago* (9:14).

Cuando Jesús acorte la tribulación en su segunda venida, el aspecto del cielo cambiará. Jesús dijo: *Inmediatamente después de la aflicción de aquellos días, el sol se oscurecerá y la luna dejará de brillar, las estrellas caerán del cielo, y los poderes celestiales se estremecerán* (Mateo 24:29).[10] Esto no significa que el sol y la luna serán literalmente apagados o que las estrellas caerán del cielo, sino que, a la luz del resplandor de la aparición de Cristo, parecerá como si el sol, la luna y las estrellas se hubieran oscurecido de repente.

En ese momento, cuando Cristo venga en el aire, la gloria de Dios aparecerá como una nube visible para todos.[11] A medida que se acerque, la visión se hará cada vez más clara, y todo el mundo verá a Jesús descendiendo del cielo en gloria, tal como ascendió al cielo después de su resurrección (Hechos 1:9, 11). En ese tiempo, "todas las tribus de la tierra se lamentarán, y verán al Hijo del Hombre venir sobre las nubes del cielo, con gran poder y gloria" (Mateo 24:30), cumpliendo así la profecía de Zacarías de que todo Israel se lamentará en arrepentimiento ante el juicio venidero sobre los incrédulos (12:12). Junto con la aparición de Cristo, se manifestarán sus santos ángeles, quienes, con un toque de trompeta, reunirán a los santos del Antiguo Testamento resucitados y a los creyentes que estén en la tierra de Israel para la inauguración del reino del Mesías (Mateo 24:31).[12]

VIVIENDO A LA LUZ DE LAS PREDICCIONES DE JESÚS

Jesús el Profeta anunció todas estas cosas, y Jesús el Profeta las cumplirá. Ahora mismo, tú y yo estamos viviendo a este lado de sus profecías sobre el rapto, el fin de los tiempos y su segunda venida. Hay peligro en la espera. En el trajín diario de la vida, es fácil volverse complaciente y ver estas profecías como curiosidades que no tienen nada que ver con la vida del aquí y ahora. No es así.

En el resto de Mateo 24 y hasta el capítulo 25, usando siete parábolas, Jesús dejó claras tres enseñanzas que nos afectan profundamente aquí y ahora.

SÉ VIGILANTE

Primero, nos dijo que seamos vigilantes: atentos, despiertos y observadores. Ese es el punto de las cuatro primeras parábolas que se desarrollan en Mateo 24:32-44. Vivimos en el presente, y nuestros titulares nos hablan cada día de guerras y rumores de guerras, sequías y enfermedades, terremotos y hambrunas. Todo esto es un adelanto de lo que está por llegar, recordándonos que estamos un día más cerca del rapto y del inicio del fin de los tiempos. ¿Estás listo?

SÉ PRUDENTE

Segundo, Jesús nos dijo que seamos prudentes: sensatos, cuidadosos y sabios. Ese es el punto de la parábola de los dos siervos y la parábola de las diez vírgenes en Mateo 24:45–25:13. Aprendemos la misma lección cuando leemos Efesios 5:15-16: *Por tanto, ¡cuidado con su manera de vivir! No vivan ya como necios, sino como sabios. Aprovechen bien el tiempo, porque los días son malos.* Nuestros días son tan malos ahora como lo eran entonces, y serán aún peores en los días que están por llegar. ¿Eres cuidadoso?

SÉ FIEL

Tercero, Jesús nos dijo que seamos fieles: leales, verdaderos y diligentes. Este también es el punto de la parábola de los dos siervos y la parábola de los talentos en Mateo 24:45-51 y 25:14-30, respectivamente. Así como los salvos durante la tribulación deberán compartir el evangelio en sus días horrendos, tú y yo debemos hacerlo ahora. Jesús nos dio la Gran Comisión en Mateo 28:18-20, y no ha caducado. De hecho, nunca ha sido más urgente para ti y para mí compartir a nuestro Salvador con este mundo.

ANÍMATE

Cuando consideramos todas las cosas que Jesús el Profeta nos reveló acerca de los últimos tiempos, no tenemos por qué sentirnos preocupados ni llenos de temor. Por el contrario, tú y yo podemos regocijarnos mientras esperamos con entusiasmo el futuro que Dios ha planeado para todos los que lo aman. Tenemos a un gran Profeta que hoy nos dice: *No se turbe su corazón. Ustedes creen en Dios; crean también en mí. En la casa de mi Padre hay muchos aposentos. Si así no fuera, ya les hubiera dicho. Así que voy a preparar lugar para ustedes. Y si me voy y les preparo lugar, vendré otra vez, y los llevaré conmigo, para que donde yo esté, también ustedes estén* (Juan 14:1-3).

Mi amigo, no tienes que vivir con miedo al futuro, ni siquiera a un mundo dominado por la inteligencia artificial. Tú y yo tenemos a un Salvador que viene, cuya inteligencia no es artificial sino omnisciente.

¡Aleluya!

4

JESÚS EL CORDERO

Un día, mientras deambulaba por las colinas escocesas, Fiona se alejó de su grupo y se perdió. Descendiendo por un sendero peligroso hacia el mar, tropezó con rocas afiladas, haciéndose daño. Al llegar abajo, se dio cuenta de que no había manera de volver a subir. Quedó atrapada en un pequeño terreno rodeado por mares agitados y acantilados escarpados. Allí se refugió en una cueva, recolectó lo que pudo para alimentarse, y esperó ser rescatada.

Y esperó.

Y esperó.

Dos años después, una deportista de kayak llamada Jillian Turner avistó a la oveja Fiona. Turner la llamó, y Fiona respondió llamándola de vuelta y siguiendo su recorrido por el mar. Luego, sintiéndose derrotada, Fiona se dio media vuelta y regresó. Turner contactó a las autoridades escocesas, pero le dijeron que era demasiado peligroso descender por el acantilado, y el mar no permitía un desembarco en bote.

No podían destinar recursos para rescatar a una oveja.

Fue entonces cuando Cammy Wilson oyó acerca de Fiona. Wilson, criador de ovejas, administra una página de Facebook sobre agricultura escocesa y comenzó a divulgar la situación de Fiona. La noticia se difundió en los medios, y la historia de Fiona conmovió corazones en todo el Reino Unido. Varias organizaciones comenzaron a idear planes de rescate mientras decenas de miles de personas firmaban peticiones para salvar a Fiona.

Al final, fueron Wilson y otras cuatro personas quienes colocaron un cabrestante en un vehículo todoterreno en la cima del acantilado. Descendieron 250 metros por el escarpado precipicio, colocaron a Fiona en una gran bolsa de alimentación con un agujero para su nariz, y la izaron.

Fiona estaba en condiciones razonablemente buenas, pero su aspecto era deplorable, con cinco años de lana enmarañada y sucia. Pero incluso eso tuvo un final feliz: la lana fue esquilada y subastada para recolectar fondos para obras benéficas.

Fiona fue llevada a Dalscone Farm, un parque en Dumfries visitado por niños, donde, según la revista *People*, "puede vivir el resto de su vida en paz y seguridad".[1] La BBC usó este titular "Britain's Loneliest Sheep Arrives in New 'Forever Home'" (La oveja más solitaria del Reino Unido llega a su nuevo "Hogar para siempre").[2]

No es de extrañar que el mundo entero amara esa historia. Toca muchas fibras sensibles.

Pero hay otro Cordero cuya historia conmueve los corazones a lo largo de las eras: el Cordero de Dios que vino a quitar los pecados del mundo. De todas las imágenes y representaciones de Jesucristo, ninguna es tan conmovedora como su papel como el Cordero de Dios, nuestro Cordero Pascual, un Cordero sin mancha. Su preciosa sangre nos ha redimido para que podamos vivir con Él en paz y seguridad en nuestro hogar eterno.

Quizás estés familiarizado con el papel de nuestro Señor como el Cordero que se ofreció como sacrificio por el pecado hace dos mil años. Pero ¿comprendes que el papel de Jesús como Cordero no terminó en la cruz? En el último libro de la Biblia, Apocalipsis, vemos al Jesús resucitado revelado en su continuo papel como el Cordero, y la visión es gloriosa.

En este capítulo, rastrearemos las imágenes de Jesús el Cordero a través de la Biblia, observando su sangre, su gloria, su ira y su gracia.

LA SANGRE DEL CORDERO

En el Antiguo Testamento, los sacrificios más comunes en Israel eran corderos sin defecto.[3] Esa imagen se presenta con fuerza en Éxodo 12, cuando los israelitas esclavizados anhelaban la libertad. Moisés había profetizado una plaga de muerte que pasaría por Egipto en una noche en la que morirían todos los primogénitos del país. Siguiendo las instrucciones de Dios, cada familia israelita mató un cordero y pintó con su sangre los dinteles y los postes de las puertas de sus casas (Éxodo 12:1-13, 21-22). Moisés les dijo: *Porque el Señor pasará y herirá de muerte a los egipcios; pero, cuando él pase y vea la sangre en el dintel y en los dos postes, pasará por alto aquella puerta y no dejará que el ángel exterminador entre en las casas de ustedes y los hiera* (v. 23).

Desde ese día hasta la destrucción del templo en Jerusalén en el año 70 d. C., los judíos sacrificaban un cordero pascual como expiación anual por su pecado y en celebración de su liberación del yugo egipcio, tal como Moisés lo ordenó (vv. 24-25).

La Pascua es el sacrificio más celebrado del Antiguo Testamento, pero no fue el primer sacrificio por el pecado. En Génesis 3:21 Dios mismo fue el primero en matar un animal para la remisión de pecados, y usó la piel del animal para vestir a Adán y Eva. Muchos comentaristas creen que el animal sacrificado fue un cordero, ya que un cordero sacrificial se usa como símbolo a lo largo de toda la Biblia.

Por ejemplo, considera la conocida historia de Abraham e Isaac yendo al monte para sacrificar al Señor (22:1-5). Llevaban todo lo necesario para la ofrenda: un cuchillo, la leña y el fuego (v. 6). Pero no llevaban el cordero, un detalle que Isaac señaló: *Padre mío... Aquí están el fuego y la leña, pero ¿dónde está el cordero para el holocausto?* (v. 7). Abraham respondió: *Dios proveerá el cordero para el holocausto, hijo mío* (v. 8).

En Isaías 53 tenemos una potente pista de que esta imagen del cordero sacrificado no se refiere a un animal, sino a una persona. Este pasaje dice que el futuro Siervo Sufriente de Israel sería "llevado al matadero, como un cordero", porque "el Señor descargará sobre él todo el peso de nuestros pecados" (vv. 6-7).

La pregunta de Isaac, "¿Dónde está el cordero?", y la creencia del profeta Isaías de que el cordero era una persona se unen en Juan 1:29, cuando Juan el Bautista presentó a Jesús al mundo diciendo: *Éste es el Cordero de Dios, que quita el pecado del mundo.*[4]

Hebreos 10 explica que es imposible que la sangre de los animales nos redima del pecado. Estos animales sacrificados eran simplemente símbolos que señalaban hacia el sacrificio de Cristo (vv. 4-5). Unos versículos más adelante, leemos sobre nuestro Cordero: *Pero Cristo, después de ofrecer una sola vez un solo sacrificio por los pecados, para siempre se sentó a la derecha de Dios* (v. 12).

Por la sangre que Jesús derramó al sacrificarse en la cruz, y por su gloriosa resurrección tres días después, el Cordero de Dios nos compró del mercado de esclavitud del pecado (Hechos 20:28) y nos liberó de nuestra deuda de pecado (Juan 8:36). Porque pagó un precio tan alto por nuestra libertad, nos unimos al coro celestial para cantar: *Digno es el Cordero inmolado de recibir el poder y las riquezas, la sabiduría y la fortaleza, la honra, la gloria y la alabanza* (Apocalipsis 5:12).

LA GLORIA DEL CORDERO

Eso nos lleva al libro de Apocalipsis. En los capítulos 4 y 5 el apóstol Juan fue arrebatado al cielo, donde vio una gran escena de adoración ante el trono de Dios. En Apocalipsis, las referencias al trono de Dios indican su gobierno soberano sobre la creación. Allí, el apóstol Juan, asombrado y maravillado, vio a Jesús, su Señor y Salvador, como el Cordero de Dios en toda su gloria.

DIGNO ES EL SEÑOR

A partir de Apocalipsis 4 lo primero que Juan notó en su visión del cielo fue la adoración que se rendía a Dios el Padre. La escena era fascinante: desde el trono de Dios emanaba una luz tricolor que brillaba como piedras preciosas: el blanco brillante del jaspe (diamante), el rojo intenso del sardio (rubí), y el verde frío de la esmeralda (v. 3). Extendida delante del trono había una explanada cristalina, parecida a "un mar de vidrio" (v. 6).

Alrededor del trono de Dios estaban los creyentes resucitados y la Iglesia arrebatada, representados por veinticuatro ancianos (v. 4). También estaba presente el Espíritu Santo, representado por siete lámparas encendidas (v. 5), y los querubines angélicos (plural de "querubín"), representados por cuatro seres vivientes que cantaban: *Santo, santo, santo es el Señor Dios Todopoderoso, el que era, el que es, y el que ha de venir* (v. 8).

Mientras los ángeles cantaban un himno al Dios Todopoderoso, los veinticuatro ancianos caían postrados en adoración, echaban sus coronas delante del trono de Dios y cantaban: *Digno eres, Señor, de recibir la gloria, la honra y el poder; porque tú creaste todas las cosas, y por tu voluntad existen y fueron creadas* (vv. 9-11).

DIGNO ES EL CORDERO

A medida que esta adoración celestial continúa en Apocalipsis 5, el enfoque cambia de la dignidad del Dios Todopoderoso, que está sentado en el trono, a la dignidad del Cordero, que toma el rollo.

Mientras se adoraba a Dios el Padre, Juan vio que el "que estaba sentado en el trono tenía en la mano derecha un libro, el cual estaba escrito por dentro y por fuera. El libro estaba sellado con siete sellos" (5:1). Lo que Juan vio no era un libro de hojas sueltas encuadernadas entre dos tapas, sino una hoja continua de papel enrollada en un rollo y sellada siete veces.

Como expliqué en mi libro *Final Conquest* [La conquista final], en los días de Juan los rollos solían sellarse para proteger su contenido de cualquier alteración. Y la ley romana requería que documentos importantes, como los testamentos, fueran sellados siete veces para resguardar la información confidencial.

Cuando se rompía el primer sello, el rollo se desenrollaba hasta el segundo sello, el cual a su vez debía romperse antes de que se pudiera revelar la tercera sección. Esto continuaba hasta que todos los sellos eran abiertos.[5]

Hablaremos del contenido de este rollo en un instante, pero la cuestión en ese momento era quién tenía el derecho de tomar el rollo y romper los siete sellos, revelando así su mensaje. No cualquiera podía abrirlo, ni siquiera un ángel santo.

Se inició una búsqueda para encontrar a alguien digno de romper los sellos y abrir este rollo tan importante. Juan escribió: *Vi también a un ángel poderoso, que a gran voz proclamaba: "¿Quién es digno de abrir el libro y de quitarle los sellos?". Pero no había nadie en el cielo, ni en la tierra ni debajo de la tierra, que pudiera abrir el libro, y ni siquiera mirarlo. Yo lloraba mucho al ver que no había nadie digno de abrir el libro, ni de leerlo, ni de mirarlo* (vv. 2-4).

No sé si el apóstol Juan entendía por completo lo que estaba viendo, pero sentía una profunda tristeza porque no se encontraba a nadie digno de abrir ese rollo misterioso. Justo entonces, uno de los ancianos le dijo a Juan que secara sus lágrimas: *No llores, pues el León de la tribu de Judá, la raíz de David, ha vencido y puede abrir el libro y quitarle sus siete sellos* (v. 5). Jesús es el León de la tribu de Judá y la raíz de David. Entonces Juan miró, pero en lugar del León que esperaba vio a un Cordero. ¡Jesús cumplía con ambos símbolos: León y Cordero!

Juan continuó: *Vi* un Cordero en medio del trono *y de los cuatro seres vivientes, y en medio de los ancianos. Estaba de pie,* y parecía haber sido inmolado...*Tan pronto como lo tomó, los cuatro seres vivientes y los veinticuatro ancianos se arrodillaron ante el Cordero* (vv. 6-8).

Cuando Jesús el Cordero tomó el rollo de la mano de Dios, los querubines (los cuatro seres vivientes) y los veinticuatro ancianos cayeron a sus pies y le adoraron diciendo: *Digno eres de tomar el libro y de abrir sus sellos, porque fuiste inmolado. Con tu sangre redimiste para Dios gente de toda raza, lengua, pueblo y nación, y para nuestro Dios los hiciste reyes y sacerdotes, y reinarán sobre la tierra* (vv. 9-10).

Mientras los cuatro seres vivientes y los veinticuatro ancianos cantaban su cántico al Cordero, todo el coro angelical ("miríadas y miríadas", v. 11) también se unió al cántico: *Digno es el Cordero inmolado de recibir el poder y las riquezas, la sabiduría y la fortaleza, la honra, la gloria y la alabanza* (v. 12).

Y para no quedar fuera de este coro de alabanza, "todo lo creado en el cielo, y en la tierra, y debajo de la tierra y en el mar, y todo lo que hay en ellos" unió su voz en adoración al Cordero: *Al que está sentado en el trono, y al Cordero, sean dadas la alabanza, la honra, la gloria y el poder, por los siglos de los siglos* (v. 13).

Piensa en lo que esta escena maravillosa nos revela acerca de Jesús:

- Es bendito, y da bendición por siempre.
- Nunca dejará de recibir honor de toda criatura viviente por la eternidad, y nunca nos cansaremos de adorarlo.
- Su gloria brillará por siempre, y nosotros nos deleitaremos en ella por toda la eternidad.
- Su dominio es eterno. Él reinará sobre todo poder y autoridad, y lo hará para nuestro bien. No tenemos temores supremos, sino gozos supremos.

Esta es la gloria del Cordero.

Y cuando nosotros, que seguimos a Jesús en esta tierra enferma por el pecado, seamos arrebatados y estemos delante del que está sentado en el trono y delante del Cordero que es digno de tomar el rollo, uniremos nuestras voces en alabanza y diremos junto con los cuatro seres vivientes: "Amén"; y con los veinticuatro ancianos nos postraremos y adoraremos al Cordero (v. 14).

Hace poco leí sobre un hombre que creció en un hogar roto con tanta inestabilidad que comenzó a beber y a consumir drogas desde temprana edad. Eso lo llevó a años de criminalidad y varias temporadas en prisión. Después de salir de su última condena, visitó una iglesia y se sentó en la parte trasera. Cuando comenzó la música, la congregación estalló en un glorioso canto que repetía las palabras de Apocalipsis 5: "Digno es el Cordero". Las lágrimas llenaron sus ojos y cayeron por sus mejillas. Aceptó al Cordero de Dios como su Salvador, y su vida nunca volvió a ser la misma.[6]

Gracias al Cordero de Dios, yo tampoco he vuelto a ser el mismo. ¿Y tú?

El mismo Cordero de Dios que murió por nosotros en la cruz aún reina por nosotros en su trono. Tanto en el tiempo como en la eternidad, nunca nos cansaremos de proclamar el cántico que cambia la vida: "¡Digno es el Cordero!".

LA IRA DEL CORDERO

Sería hermoso quedarnos en Apocalipsis 5 y deleitarnos en la gloria del Cordero, pero debemos pasar la página al siguiente capítulo. Y, cuando lo hacemos, la gloria del Cordero da paso a la ira del Cordero, cuando Él inicia el comienzo de la tribulación de siete años.[7]

En Apocalipsis 6 el Cordero comienza a romper los siete sellos, y cada uno desata un desastre de juicio sobre la tierra, seguido por el sonido de siete trompetas y el derramamiento de siete copas de ira. El séptimo sello introduce las siete trompetas, y la séptima trompeta introduce las siete copas. Tomados en conjunto representan la ira del Cordero, así que vamos a repasarlos brevemente.

LOS SIETE SELLOS

Recuerda que mientras observamos cada uno de estos sellos, Jesús el Cordero está en control e iniciando cada juicio. Aunque el anticristo es una figura destacada en los cuatro primeros juicios de los sellos, no actúa por cuenta propia. Sus actividades están bajo la dirección soberana del Cordero.

El *primer sello revela al anticristo,* quien aparece como un jinete en un caballo blanco, símbolo de victoria en la guerra, portando un arco y con una corona de vencedor (Apocalipsis 6:1-2). Al comienzo de la tribulación, el anticristo hará un tratado de paz con Israel; sin embargo, esto será solo una apariencia para su campaña de destrucción contra los judíos, la cual intentará llevar a cabo en la segunda mitad de la tribulación. Lleva un arco pero sin flechas porque su conquista mundial será sin derramamiento de sangre.

El *segundo sello trae guerra y derramamiento de sangre,* mientras el jinete en el caballo rojo sale para "adueñarse de la paz de la tierra" (v. 4). Nuevamente, el jinete es el anticristo, quien cabalga los cuatro caballos del apocalipsis. Esta vez, porta una "gran espada" para incitar a la violencia.

El *tercer sello produce hambre y pobreza,* representadas por el anticristo sobre un caballo negro y sosteniendo una balanza (v. 5). El hambre es a menudo una trágica consecuencia de la guerra. Y los controles de precios y la inflación descontrolada, representados por la balanza, son consecuencias del hambre, lo cual resulta en un aumento de precios de hasta ocho veces para alimentos, ropa, y vivienda.

El *cuarto sello reparte muerte y desastres naturales,* como lo muestra el caballo pálido o ceniciento (v. 8). La muerte es el resultado natural de la guerra y el hambre. La tribulación de siete años apenas ha comenzado, y ya una cuarta parte de la población mundial ha descendido a la tumba. Si la tribulación comenzara hoy, eso equivaldría aproximadamente a mil novecientos millones de personas.

El *quinto sello provoca que los millones de mártires clamen,* mientras la perspectiva de Juan regresa al cielo (vv. 9-11). En el arrebatamiento, todo cristiano vivo será quitado de la tierra, pero muchas otras personas llegarán a la fe después del arrebatamiento, tal como Jesús lo anunció (Mateo 24:9; Lucas 21:2). Estos creyentes de la tribulación serán martirizados y suplicarán a Dios que complete su justa venganza sobre los impíos.

El *sexto sello expone perturbaciones en el cosmos* y dirige nuevamente nuestra atención a la tierra (Apocalipsis 6:12-17). El cielo se abrirá, revelando la sala del trono de Dios a las personas en la tierra, quienes verán al Cordero de Dios sosteniendo el rollo sellado con siete sellos en sus manos marcadas por los clavos. Pero, en lugar de clamar "¡Señor Jesús, sálvanos!", orarán para que las rocas los aplasten porque no pueden soportar ver "al que está sentado sobre el trono" ni resistir "la ira del Cordero" (v. 16).

Como he escrito en otro lugar: "El mayor temor para un pecador no arrepentido no es la muerte; es la aterradora presencia de un Dios santo. Los rebeldes contra Dios preferirían que una montaña cayera sobre sus cabezas antes que tener que presentarse ante Dios. Pero no hay escapatoria del juicio de Dios en la tribulación, así que la pregunta que estos incrédulos hacen es la correcta: *¿Quién podrá mantenerse en pie en el día de la ira del Cordero?* (v. 17)."[8] La respuesta es obvia: nadie.

Apocalipsis 7 presenta un interludio entre el sexto y el séptimo sello. Durante este interludio, Dios comisiona a 144 000 judíos creyentes, quienes testificarán sobre la muerte y resurrección de Jesús el Cordero.[9]

El *séptimo sello introduce los siete juicios de las trompetas* (8:1-2). Sin embargo, en la visión de Juan, la primera trompeta no suena de inmediato. De hecho, al romperse el séptimo sello, los mártires de la tribulación que habían estado alabando a Dios guardan silencio "durante una media hora" (v. 1). Con el rollo completamente desenrollado tras la ruptura del séptimo sello, los mártires de la tribulación pudieron ver lo que estaba a punto de ocurrir en la tierra; y se quedaron sin aliento. Como escribió el profeta Sofonías: *Guardemos silencio en presencia de nuestro Señor y Dios. Ya está cerca el día del Señor* (1:7).[10] Y realmente estaba cerca.

Juan entonces vio aparecer a siete ángeles con siete trompetas (Apocalipsis 8:2). Otro ángel vino con un incensario de oro, quemando incienso que se mezclaba con las oraciones de los santos como un aroma agradable para Dios (vv. 3-4). Luego el ángel hizo algo inusual: llenó el incensario con fuego celestial y lo arrojó sobre la tierra, provocando truenos, relámpagos y un terremoto (v. 5). En ese momento cesó el silencio en el cielo, y los siete ángeles se prepararon para tocar las siete trompetas (v. 6).

LAS SIETE TROMPETAS

Las siete trompetas tocadas por los siete ángeles anuncian la destrucción de la tierra por parte de Jesús el Cordero, en la cual Él dirige su juicio contra el pecado en el mundo natural caído (la tierra, el mar, los ríos y los cuerpos celestes) y contra los incrédulos. La destrucción no será total; es solo un preludio de la destrucción final.

La *primera trompeta apunta a la vegetación de la tierra con fuego* (v. 7). No se nos dice la causa del incendio, pero será devastador. Un tercio de la tierra será quemada por completo, incluyendo un tercio de los aproximadamente tres billones de árboles que hay en el mundo,[11] junto con "toda la hierba verde" (v. 7). Imagina el caos ecológico que provocará semejante destrucción.

La *segunda trompeta apunta a los océanos con sangre* (v. 8). Es posible que la "gran montaña en llamas" que Juan describe cayendo al mar sea un gran meteorito que se desintegra e impacta diferentes partes de los océanos de la tierra. Pero, sea lo que sea, "la tercera parte del mar se convirtió en sangre" (v. 8). Ya sea que las aguas se transformen en sangre real o en una sustancia parecida a la sangre, es difícil determinarlo; pero los resultados son claros: "murió la tercera parte de todo lo que vivía en el mar y fue destruida la tercera parte de las embarcaciones" (v. 9). Nadie sabe con certeza cuántas criaturas viven en los océanos del mundo, pero se estima que el número de especies está entre setecientas mil y un millón.[12]

La *tercera trompeta apunta a las fuentes de agua dulce con contaminación* (v. 10). A diferencia de las causas de destrucción cuando suenan las dos primeras trompetas, esta tercera tiene un nombre: "una gran estrella, la cual ardía como una antorcha. Cayó... El nombre de la estrella es Amargura" (vv. 10-11). Parece ser un meteorito o asteroide que se desintegra al entrar en la atmósfera terrestre. Diversos fragmentos de esta "estrella" caen sobre un tercio de los aproximadamente 165 ríos principales del mundo y numerosos arroyos. En un instante, cincuenta y cinco sistemas fluviales dejarán de ser fuentes viables de agua. El agua se volverá "amarga", es decir, venenosa, haciéndola no potable (v. 11).

La *cuarta trompeta apunta al sol y la luna con oscuridad* (v. 12). Cuando suena esta trompeta, un tercio del sol, de la luna y de las estrellas se oscurecerá repentinamente. Para quienes aún vivan en la tierra, eso significa que la fuente natural de luz se reducirá en ocho horas al día. No solo esta falta de luz agravará el desastre ecológico provocado por las trompetas anteriores, sino que también la oscuridad afectará gravemente la salud mental de los habitantes de la tierra.

Recientemente sobrevivimos a una pandemia global en la que bienes y servicios básicos eran difíciles de conseguir, y muchas personas todavía están lidiando con sus secuelas. Imagina el impacto psicológico de vivir en un mundo donde un tercio de la vegetación, del suministro marino y del agua dulce han sido destruidos repentinamente. Añadamos a eso entre dieciséis y veinte horas de oscuridad cada día. Se producirá un pánico y terror generalizados, resultando en disturbios, saqueos y otros crímenes violentos, con los gobiernos y las organizaciones de ayuda incapaces de llevar orden o asistencia.

Sin embargo, como revelará el libro de Apocalipsis, lo peor aún está por llegar.

Permíteme hacer una pausa aquí para recordarte por qué Jesús el Cordero está derramando su ira sobre el mundo. No es por una intención malvada. Su deseo es doble: primero, atraer y empujar a hombres y mujeres hacia Él para salvación eterna; y segundo, juzgar el mal que ha devastado el mundo. Si el mal no es juzgado finalmente, entonces algo está mal con el Juez. Pero nada está mal con Él, porque la Biblia nos asegura: *¿Acaso el Juez de toda la tierra no debe hacer lo que es justo?* (Génesis 18:25).

Continuando con la secuencia de eventos en Apocalipsis, Juan dijo: *Miré entonces, y oí que un águila revoloteaba en medio del cielo y a grandes voces gritaba: "¡Ay, ay, ay! ¡Pobres de los habitantes de la tierra cuando suenen las trompetas que están a punto de tocar los otros tres ángeles!"* (Apocalipsis 8:13).[13] La quinta y la sexta trompetas apuntan a los incrédulos que han sobrevivido hasta la segunda mitad de la tribulación.

Con la *quinta trompeta, el Cordero lanza a la tierra a un demonio* que abrirá el abismo donde muchos demonios ya están encarcelados. Estos demonios, descritos como langostas con aguijones como escorpiones, atormentarán (pero no matarán) a los incrédulos durante cinco meses, dejando en paz a los creyentes de la tribulación. Este es el primer ay (9:1-12).

Con la *sexta trompeta, el Cordero liberará a cuatro generales demoníacos,* por así decirlo. Ellos comandarán un ejército de doscientos millones, que matarán a un tercio de los incrédulos que aún sobreviven en el mundo. Este es el segundo ay (vv. 13-19; 11:14). Sin embargo, los incrédulos que sobrevivan seguirán con corazones endurecidos, negándose a arrepentirse y a aceptar la gracia del Cordero (9:20-21).

Como ocurrió con los juicios de los sellos, hay un interludio entre la sexta y la séptima trompeta. Durante este interludio, Juan presencia el anuncio de un ángel poderoso (10:1-7), recibe la orden de comer un libro (vv. 8-11) y de medir el templo (11:1-2), y registra el testimonio, el martirio y la resurrección de los dos testigos (vv. 3-14).

La *séptima trompeta contiene los siete juicios de las copas* (v. 15). Así como la primera trompeta no sonó de inmediato al romperse el séptimo sello, ahora, con el sonido de la séptima trompeta, la primera copa no se derrama inmediatamente. En su lugar, hay un anuncio de la victoria del Cordero, adoración por parte de los veinticuatro ancianos, y la aparición del arca del pacto (vv. 15-19). A esto le siguen cuatro capítulos que hablan del gran dragón rojo (Satanás) e Israel, la bestia que sube del mar, y la bestia que sube de la tierra (el falso profeta), la victoria del Cordero y su pueblo, y los coros celestiales que alaban al Cordero y los ángeles que se preparan para la serie final de juicios.

Solo en esta historia increíble de redención final podría un Cordero vencer a un dragón.

LAS SIETE COPAS

Tres cosas caracterizan de modo único los juicios finales llamados las siete copas de la ira: se derraman en rápida sucesión, como un boxeador que lanza golpe tras golpe; son similares a los juicios de las trompetas, pero más severos; y se derraman sobre toda la tierra.

La *primera copa se derrama sobre aquellos que llevan la "marca de la bestia y que adoraban su imagen"* (16:1-2). Estas personas son afligidas con llagas dolorosas en la piel. Juan describió la aflicción como "maligna y pestilente", tal vez causada por una guerra química o una enfermedad cutánea pandémica.

La *segunda copa se derrama sobre los océanos del mundo,* matando a toda la vida marina (v. 3). Puede que la segunda copa contenga sangre literal o que su contenido transforme los mares en sangre, como sucedió con el Nilo durante la primera plaga en Egipto (Éxodo 7:19-25). De cualquier manera, los océanos se volverán sangre, asfixiando a miles de millones de peces, que se hincharán y se pudrirán, atrayendo billones de moscas; sin mencionar el hedor nauseabundo que cubrirá las costas y se desplazará tierra adentro con los vientos marinos.

La *tercera copa se derrama sobre las fuentes de agua dulce del mundo,* contaminando toda el agua potable (Apocalipsis 16:4). La tercera copa convertirá ríos y arroyos en ríos de sangre. Este juicio es irónico. Aquellos malvados que rechazaron la sangre del Cordero y en cambio derramaron la sangre del pueblo de Dios serán recompensados con ríos y manantiales de sangre, como los antiguos egipcios. Tal juicio es justo porque, en las santas manos del Cordero, es proporcional al crimen (vv. 5, 7).

La *cuarta copa se derrama sobre el sol,* de modo que su calor quema a aquellos que blasfemaron el nombre de Dios y no se arrepintieron para darle gloria (vv. 8-9). He vivido toda mi vida en Texas, y decir que los veranos en Texas son calurosos es como decir que los peces están mojados. He pasado veranos tan calurosos que se fue la electricidad, pero nunca ha habido un verano en Texas tan intenso que los termómetros exploten como lo harán bajo los rayos del sol después de derramarse la cuarta copa.

La *quinta copa se derrama sobre el "trono de la bestia"* (v. 10). Una vez que el sol haya hecho su trabajo con todo su poder, la tierra quedará repentinamente en tinieblas, ya sea a causa de un eclipse o del colapso de los sistemas eléctricos mundiales. No solo producirá pánico, sino que los incrédulos endurecerán todavía más su corazón contra el Cordero (v. 11).

La *sexta copa se derrama sobre el Éufrates,* de manera que este inmenso río se seca por completo, creando un camino hacia el Armagedón (v. 12). Cuando esto suceda, Satanás, el anticristo y el falso profeta liberarán demonios "con aspecto de ranas" (vv. 13-14) para reunir a los reyes de la tierra para la gran batalla contra Dios en el Armagedón (vv. 15-16). El propósito de esta vasta coalición es destruir a Israel en un enfrentamiento final y culminante.

La *séptima copa se derrama en el aire,* acompañada de una voz potente: "Todo está hecho" (v. 17). Esta es la declaración final del juicio. La naturaleza responde a la proclamación del Cordero con truenos y relámpagos, el terremoto más grande en la historia de la tierra, tsunamis que cubren islas, montañas que se derrumban, y enormes granizos que caen del cielo (vv. 18-21).

Recuerda: todo esto es el esfuerzo de Jesús el Cordero para llevar a las personas a su salvación comprada con sangre y para juzgar justamente el mal y a los malhechores que causaron tanta crueldad en el mundo.

A lo largo de la historia, Satanás ha desatado una maldad que va más allá de lo que el lenguaje humano puede describir. Y a lo largo de las épocas, el pueblo de Dios ha orado: "Líbranos del mal". Ahora, por fin, Jesús el Cordero está usando su ira justa, santa y judicial para librar al mundo del pecado y del mal diabólico.

Apocalipsis 17:14 dice sobre estas fuerzas del mal: *Pelearán contra el Cordero, pero el Cordero los vencerá, porque él es Señor de señores y Rey de reyes; y a los que están con él se les llama 'elegidos' y "fieles".*

LA GRACIA DEL CORDERO

Eso nos lleva a la asombrosa gracia del Cordero. Apocalipsis 19:7 dice, refiriéndose a quienes han recibido a Cristo como Salvador: *¡Regocijémonos y alegrémonos y démosle gloria! ¡Ha llegado el momento de las bodas del Cordero!* Y en el versículo 9: *Bienaventurados los que han sido invitados a la cena de las bodas del Cordero.*

Al final de la tribulación, Jesús el Cordero se une a su novia, la Iglesia, de una manera gloriosa. Recuerda que Jesús es el Cordero de Dios que derramó su sangre por ti.

Tal vez te sientes como Fiona, la oveja solitaria que mencioné al principio de este capítulo. Has caído, te sientes solo, y aparentemente estás más allá del rescate. Pero el Cordero de Dios te está buscando, y está listo para rescatarte, sacarte de tu angustia, limpiarte, cuidarte, ¡y prepararte para tu hogar eterno!

¿Por qué no acudes a Él ahora mismo, sin esperar ni un minuto más, para decir, como dice el antiguo himno:

> Tal como soy, sin más razón,
> sino que Tú moriste por mí,
> y me invitas a ir a ti,
> Cordero de Dios, yo voy, yo voy?[14]

5

JESÚS EL VENCEDOR

El novelista británico H. G. Wells, autor del clásico de ciencia ficción *La guerra de los mundos,* era pacifista. Sin embargo, cuando la Primera Guerra Mundial encendió la determinación británica, concluyó que Alemania y su complejo militar-industrial debían ser derrotados, lo que hacía que la guerra fuera necesaria y justificada. Argumentó que era la única manera de asegurar la paz mundial. En una serie de artículos que después fueron recopilados en un libro, Wells escribió: "Esta es… una guerra por la paz. Apunta directamente al desarme. Busca un acuerdo que ponga fin a este tipo de cosas para siempre. Cada soldado que lucha contra Alemania ahora es un cruzado contra la guerra. Esta, la mayor de todas las guerras, no es solo otra guerra; ¡es la última guerra!".[1] Tituló su libro *La guerra que pondrá fin a todas las guerras,* proporcionando el eslogan para ese conflicto: "La guerra para terminar con todas las guerras".

No es sorprendente que la Primera Guerra Mundial no "terminó con todas las guerras". Veinte años después, con la invasión de Polonia, la Alemania nazi de Adolf Hitler prendió la mecha de la Segunda Guerra Mundial, resultando en un estimado de 85 millones de bajas.[2] Desde entonces, el mundo ha presenciado conflictos importantes en Corea, Vietnam y el Medio Oriente, sin mencionar las atrocidades perpetradas por déspotas y dictadores, entre facciones políticas en guerra en América Central, entre líderes tribales en África, y por terroristas en todo el mundo. La invasión rusa de Ucrania en 2022 y la guerra que le siguió, así como el horrendo ataque del 7 de octubre de 2023 contra Israel y la guerra resultante con Hamas, se cuentan entre los conflictos recientes que una vez más recuerdan al mundo el terrible costo del combate. Sin embargo, el mundo siempre parece sorprenderse cuando un nuevo conflicto estalla en alguna parte del planeta. No importa cuán horrenda haya sido la última guerra ni cuántas veces nos digamos: "Nunca más", de alguna forma olvidamos esta simple verdad: "Solo los muertos han visto el fin de la guerra".[3]

Sin embargo, esa verdad solo es cierta a este lado de la segunda venida de Cristo. En ese glorioso día, habrá una guerra que pondrá fin a todas las guerras. Es el conflicto final conocido como la batalla de Armagedón. En ese día, Jesús regresará a la tierra como Vencedor. Pero, antes de que regrese con gloria y poder, surgirá un falso conquistador con la intención de usurpar el papel de Jesucristo.

EL FALSO CONQUISTADOR

Hemos sido advertidos de que Satanás es "el dios de este siglo" (2 Corintios 4:4), que "el mundo entero está bajo el maligno" (1 Juan 5:19), y que "desde el principio ha sido un homicida" (Juan 8:44), lo cual explica por qué los conflictos armados continúan hasta el día de hoy y no cesarán hasta que Jesús el Vencedor regrese a la tierra. Pero, como dije, hasta que llegue ese día Satanás seguirá devastando el mundo con guerras, culminando con la aparición de su falso conquistador: un líder mundial que la Biblia llama el anticristo.

Conocimos por primera vez al anticristo en el capítulo 3 de este libro, donde vimos que Pablo lo llama "el hombre de pecado" y "el malvado" (2 Tesalonicenses 2:3, 8). En el capítulo 4 aprendimos que el anticristo es el jinete de los cuatro caballos del Apocalipsis descritos en Apocalipsis 6. Ni Pablo ni Juan revelaron el nombre del anticristo porque el Señor decidió no revelarlo, pero la Biblia nos dice muchas cosas acerca de este futuro líder mundial y su compañero diabólico, el falso profeta.

QUIÉN ES, DE DÓNDE ES, QUÉ HACE

Tal vez lo primero que debamos entender sobre el anticristo es cómo se usaba el prefijo *anti* en el lenguaje griego. En su uso más común significa "contrario" u "opuesto a". En este caso, el anticristo es "contra Cristo" y contra el pueblo escogido de Cristo: los judíos y sus hijos adoptados: los cristianos (Daniel 8:24-25). Esta es una descripción apropiada del anticristo ya que se le llama blasfemo (Apocalipsis 13:5-6), el cual "blasfemará contra el Altísimo" (Daniel 7:25). Ciertamente es lo contrario a Jesús el Mesías (o Cristo) de todas las maneras posibles.

Pero *anti* también puede indicar la idea de "en lugar de". En este sentido, el anticristo busca reemplazar a Jesucristo, presentándose como un mesías diferente y digno de adoración (Apocalipsis 13:4). Durante un tiempo, el anticristo parecerá ser "como Cristo", hablando de paz, justicia, unidad y orden. Como escribió un amigo: "Tendrá la elocuencia de Abraham Lincoln, el carisma de John F. Kennedy, la agudeza de Winston Churchill, la genialidad militar de Napoleón, la visión de Martin Luther King Jr., y la inteligencia de Albert Einstein".[4] Pero, al final, se revelará como el hijo de Satanás: un mentiroso y asesino (Juan 8:44).

El anticristo será una figura extraordinaria; tan extraordinaria, de hecho, que ningún líder humano en la historia de la humanidad puede compararse con él. Todos los líderes mundiales, ya sean buenos o malos (Nabucodonosor, Julio César, Gengis Kan, Enrique VIII, George Washington, Adolf Hitler, Franklin Roosevelt, Vladimir Putin, o el que quieras nombrar) palidecen ante él. El anticristo será capacitado de una manera singularmente poderosa por Satanás, a quien Juan llamó "el dragón": *El dragón cedió a la bestia* [al anticristo] *su poder, su trono, y gran autoridad* (Apocalipsis 13:2).

Como un mago que agita una varita sobre un sombrero de copa y saca un conejo, Satanás se paró en la orilla del mar Mediterráneo e hizo surgir al anticristo, la "bestia", desde las profundidades del agua en la visión de Juan (v. 1).[5] En la Biblia, el mar a menudo es símbolo de las naciones gentiles (Isaías 17:12-13; Apocalipsis 17:15), lo que indica que el anticristo será un gentil. Pero este líder mundial no será cualquier gentil. Provendrá del restaurado Imperio romano,[6] que en su apogeo se extendía desde el actual Irak hasta Portugal, desde Inglaterra hasta Sudán. También incluía la mayoría de las naciones de la actual Europa. Yo creo que el anticristo será europeo y gobernará sobre una confederación de diez naciones, representadas por los diez cuernos y las diez coronas que Juan vio en la cabeza de la bestia (13:1). Sea cual sea su nacionalidad, el anticristo no ascenderá al poder de manera repentina. Más bien, crecerá en poder como crece un cuerno en un animal (Daniel 7:8).

Una de las cosas curiosas sobre el anticristo en la visión de Juan es que se le representa con siete cabezas, que representan, desde la perspectiva de Juan, todos los imperios conocidos del mundo (Apocalipsis 13:2). Cuando Juan escribió el libro de Apocalipsis, cinco imperios mundiales ya habían pasado: el egipcio, el asirio, el babilónico, el medo-persa y el griego. Uno existía en el tiempo de Juan: el romano. Y uno todavía está por llegar: la confederación de diez naciones (Apocalipsis 17:10).

Esta futura confederación se convertirá en un gobierno mundial bajo la autoridad satánica del anticristo, quien gobernará como una fiera: con la rapidez y ferocidad de un leopardo, el poder y la brutalidad de un oso, y el terror y la majestad de un león (13:2). Sin embargo, a pesar de todo su poder, el anticristo parecerá morir misteriosamente (quizás por un intento de asesinato), solo para ser resucitado en una imitación de la resurrección de Cristo (v. 3). Esta falsa resurrección convencerá al mundo incrédulo de seguirlo y adorarlo y, en el proceso, se burlarán de Dios como si fuera demasiado débil para enfrentarse al "dragón" y a la "bestia" (v. 4). Entonces, en la última mitad de la tribulación, el anticristo iniciará una campaña de blasfemia contra Dios, persecución contra el pueblo de Dios, y engaño contra aquellos cuyos nombres no están escritos en el Libro de la Vida del Cordero, de modo que los incrédulos en la tierra lo adorarán a él en lugar de adorar al Cordero (vv. 5-8).

El anticristo no estará solo en esta campaña mundial contra Dios y su pueblo. Además de Satanás, el anticristo también tendrá la ayuda de otra bestia, una que subía de la tierra con dos cuernos (v. 11). Esta segunda bestia es el falso profeta

(Apocalipsis 16:13), quien aparecerá como un cordero pero hablará como un dragón; es decir, hablará en nombre de Satanás (13:11). El falso profeta será una figura religiosa que convencerá a los incrédulos de seguir y adorar al anticristo, hará señales milagrosas para engañarlos, y evitará que los creyentes que se nieguen a recibir la marca de la bestia puedan participar en el comercio (vv. 12-18).

Recuerda que el anticristo será una imagen inversa de Jesús: el hijo de Satanás, que parecerá bueno pero será maligno, que reclamará dominio mundial, parecerá morir y resucitar, y deseará ser adorado.

EL ANTICRISTO PROFANA EL TEMPLO

La mayoría de las cosas que he descrito ocurren en la segunda mitad de la tribulación de siete años. En capítulos anteriores, mencioné que el anticristo aparecerá en escena al comienzo de la tribulación de siete años cuando firme un acuerdo de paz con Israel (Daniel 9:27). Pero, a la mitad de la tribulación, el anticristo romperá ese acuerdo al entrar en el templo recién reconstruido en Jerusalén y colocar en el Lugar Santísimo una imagen de sí mismo, una figura humanoide que habla blasfemias y ordena el asesinato de quienes se nieguen a adorarlo (Apocalipsis 13:15), profanando así el templo de Dios. Esto es lo que Daniel y Jesús llamaron la "abominación desoladora" (Daniel 11:31; 12:11; Mateo 24:15).

Con el anticristo ya establecido como líder político mundial, su acto de profanar el templo también lo establecerá como líder religioso mundial: alguien a quien se debe seguir y adorar como a un dios. Pero su apetito demoníaco por la dominación mundial no quedará satisfecho. También se presentará como conquistador militar del mundo, haciendo guerra contra el propio Cristo.

LA GUERRA QUE PONDRÁ FIN A TODAS LAS GUERRAS

Junto con el rapto de la Iglesia, el evento más conocido del tiempo del fin es la batalla de Armagedón, que terminará con la segunda venida de Jesús el Vencedor. Comúnmente se menciona y se piensa en Armagedón como un solo evento, pero en realidad es más una campaña (una estrategia de guerra) que una batalla única. Esta campaña implicará un conflicto prolongado y en aumento, que culminará en una catástrofe para el anticristo, el falso profeta y sus aliados. Así que la llamaré "la campaña de Armagedón". Como veremos, esta campaña se desarrolla en ocho fases, culminando con la gloriosa aparición de Jesús el Vencedor.[7]

FASE 1: LOS EJÉRCITOS DEL ANTICRISTO SE REÚNEN

Tras haber violado su tratado con Israel, el anticristo dirigirá todo su poder y furia infundidos por Satanás contra el pueblo judío. Convocará un ejército al enviar demonios que "salieron por todo el mundo para reunir a los reyes de la tierra, para la batalla del gran día del Dios Todopoderoso... Y los reunió en el lugar que en hebreo se llama 'Armagedón'" (Apocalipsis 16:14, 16).[8]

Armagedón significa literalmente "monte de Meguido" o "colina de Meguido". Bajo esta colina está la vasta llanura del valle de Jezreel, a unos cien kilómetros al norte de Jerusalén. Este fue el lugar de la batalla de Gedeón contra los madianitas (Jueces 7) y de la batalla de Barac contra los cananeos (Jueces 4). Cuando Napoleón Bonaparte se paró en esta llanura a finales de la década de 1790, dijo que Armagedón era "el campo de batalla más natural de la tierra".[9] Y, cuando se derrame la sexta copa del juicio, y el río Éufrates (que separa la Tierra Santa de Asia) se seque, los ejércitos del Oriente tendrán una vía directa y despejada hacia Israel (Isaías 11:15; Apocalipsis 16:12).

FASE 2: BABILONIA ES DESTRUIDA

Parece que a lo largo de su reinado como líder mundial, el anticristo moverá su capital al menos tres veces. Si es europeo (como muchos estudiosos de la Biblia creen que será), lo más probable es que establezca su primera capital en algún lugar de Europa mientras consolida su poder político durante los primeros tres años y medio de la tribulación; sin embargo, a la mitad de la tribulación trasladará su capital a Jerusalén al afirmar su autoridad religiosa. Para cuando llegamos a Apocalipsis 17–18 el anticristo mueve su capital a Babilonia y consolida su dominio financiero bajo un centro económico mundial, controlando los mercados mundiales del petróleo.

En algún momento, el anticristo saldrá de Babilonia para enfrentar a ejércitos enemigos que llegan del sur (Daniel 11:40). Mientras tanto, una coalición militar del norte, insatisfecha con el reinado brutal del anticristo, se rebelará y atacará Babilonia, saqueando la ciudad (Jeremías 50:9, 41-42).

FASE 3: JERUSALÉN ES ATACADA Y CAE

Daniel dijo que el anticristo y sus ejércitos, en su marcha para enfrentarse con los ejércitos que avanzan desde el sur, invadirán países como una inundación (Daniel 11:40). Chocarán en "la tierra gloriosa" de Israel, y "muchas provincias serán conquistadas" (v. 41). El anticristo atacará Jerusalén, la saqueará, matará a su pueblo a filo de espada, y violará a sus mujeres (Zacarías 12:1-3).

Zacarías 14:2 hace una afirmación curiosa sobre los ejércitos aliados con el anticristo que atacan Jerusalén. El Señor dijo: "Reuniré a *todas* las naciones para combatir contra Jerusalén". Una pregunta que me hacen con frecuencia es: "¿Qué pasa con los Estados Unidos durante los últimos tiempos?". Escribí sobre esto en detalle en mi libro *Mysteries of the End Times* [Misterios de los últimos tiempos], pero creo que es muy probable que después del rapto de la Iglesia, los Estados Unidos se alíe con el Imperio romano resucitado del anticristo y que sus fuerzas armadas participen en la destrucción de Jerusalén, revirtiendo así su larga amistad y alianza con Israel.[10]

FASE 4: EL ANTICRISTO MARCHA HACIA EL SUR

Victorioso en Jerusalén, el anticristo hará que muchos judíos huyan al desierto, tal como Jesús profetizó (Mateo 24:15-31) y como se describe en Apocalipsis 12:6, 14. Rechazará a los ejércitos del sur, empujándolos a cruzar el Mar Rojo hacia el norte de África (Daniel 11:41-43).

Entonces, el anticristo lanzará una persecución en dos frentes. El primer frente intentará localizar a los judíos que escaparon a los desiertos y las montañas alrededor del Mar Muerto (Mateo 24:16) y a las ruinas de Petra en la ciudad de Bosra, la antigua capital de Edom (Busayra en la actual Jordania), la cual Daniel predijo que sería rescatada de la mano del anticristo (11:41).[11] El segundo frente se dirigirá hacia las legiones del sur en retirada hacia Egipto, donde el anticristo saqueará los tesoros de la nación y luego continuará hacia Libia y Etiopía (vv. 42-43).

FASE 5: EL ANTICRISTO RESTABLECE SU CAPITAL EN JERUSALÉN

Mientras el anticristo persigue a los judíos en el desierto y sus soldados eliminan los últimos focos de resistencia de los ejércitos del sur, recibirá noticias inquietantes: la coalición del norte ha marchado sobre Babilonia y ha destruido su capital (Jeremías 43; 51:31-32).[12] También se le reportará que ejércitos del Oriente están marchando para desafiar su autoridad (Daniel 11:44).

En un arranque de furia, el anticristo cambiará de rumbo y regresará a Israel, restableciendo su capital (el tercer traslado) en Jerusalén, "el monte santo y glorioso" (v. 45). Este evento da paso a las fases finales de la campaña de Armagedón.

FASE 6: ISRAEL CLAMA AL MESÍAS, EL VENCEDOR

Para ese momento, los judíos que aún quedan en la tierra habrán vivido casi siete años de sufrimiento y muerte, y ahora temerán que el anticristo logre lo que Adolf Hitler no pudo lograr. En ese momento, la ceguera espiritual que por tanto tiempo endureció el corazón del pueblo judío (Romanos 11:25) será repentinamente quitada. En lugar de rechazar a Jesús como su Mesías, clamarán a Él para que los defienda y venza a las fuerzas del mal que buscan destruirlos.

El profeta Oseas predijo que este día llegaría, cuando la nación de Israel se arrepentiría colectivamente de su pecado de rechazar a Jesús como su Mesías y se volvería a Él en fe. Oseas dijo que el arrepentimiento total tardaría dos días: *¡Vengan, volvamos nuestros ojos al Señor! Ciertamente él nos arrebató, pero nos sanará; nos hirió, pero vendará nuestras heridas;* Después de dos días *nos dará vida, y al tercer día nos resucitará para que vivamos en su presencia. Entonces conoceremos al Señor, y más y más lo* *iremos conociendo. Vendrá a nuestro encuentro como la luz del alba, como vienen a la tierra las lluvias tempranas y las lluvias tardías* (6:1-3).[13]

FASE 7: EL VENCEDOR REGRESA EN GLORIA Y DERROTA AL ANTICRISTO

En ese tercer día, después de que la nación de Israel se arrepienta y se vuelva con fe a su verdadero Mesías, Jesús, sus oraciones serán respondidas.

En ese mismo instante, el sol y la luna se oscurecerán, y las estrellas desaparecerán tras el resplandor de la gloria de Cristo (Mateo 24:29). Aparecerán los ángeles, y sonará la trompeta de Dios (v. 31). El mundo se quedará sin aliento, sobrecogido por lo que está por suceder, cuando Jesús el Vencedor aparezca en el cielo (v. 30).[14] Aunque Jesús vivió en la tierra y murió como el Siervo Sufriente y luego ascendió al cielo como el Salvador resucitado, descenderá como el "Rey de reyes y Señor de señores", vengándose del mal y de los malvados (Apocalipsis 19:16).

Cuando Jesús llegue como Vencedor, su aparición será primero sobre la región montañosa de Bosra, donde se esconde el remanente judío tras huir del anticristo. En un instante, estos judíos en peligro serán liberados de la ira de la bestia y del dragón. Como náufragos que de pronto ven un avión de rescate, experimentarán una alegría indescriptible.

Ningún pasaje bíblico describe la segunda venida de Jesús el Vencedor y la batalla que le sigue como lo hace la visión de Juan en Apocalipsis 19:11-16:

> *Entonces vi que el cielo se había abierto, y que allí aparecía un caballo blanco. El nombre del que lo montaba es Fiel y Verdadero, el que juzga y pelea con justicia. Sus ojos*

parecían dos llamas de fuego, y en su cabeza había muchas diademas, y tenía inscrito un nombre que sólo él conocía. La ropa que vestía estaba teñida de sangre, y su nombre es: «El verbo de Dios.» Iba seguido de los ejércitos celestiales, que montaban caballos blancos y vestían lino finísimo, blanco y limpio. De su boca salía una espada afilada, para herir con ella a las naciones. Él las gobernará con cetro de hierro; y pisará el lagar del ardiente vino de la ira del Dios Todopoderoso. En su manto y en su muslo lleva inscrito este nombre: «Rey de reyes y Señor de señores».

Desde Bosra hasta Jerusalén, el Vencedor asestará un golpe mortal a sus enemigos. Con una sola palabra de su boca derrotará al anticristo (2 Tesalonicenses 2:8) y diezmará los ejércitos del mundo (Apocalipsis 19:21), dejándolos "desnudos de pies a cabeza", matándolos al instante (Habacuc 3:13; Zacarías 14:12-15). Los cuerpos de las tropas que se unieron en alianza con el anticristo quedarán esparcidos por toda la tierra, para que las aves del cielo los devoren (Habacuc 3:17-18, 21).

Esto no será violencia gratuita. Será la justicia largamente esperada que neutralizará el mal y liberará a los oprimidos. Será una victoria tan grande para el Vencedor, y una derrota tan completa para el falso conquistador, que la sangre de los muertos "les llegó a los caballos hasta los frenos, a una distancia de mil seiscientos estadios" (Apocalipsis 14:20), cumpliendo así Judas 14-15: *¡Miren! El Señor viene con sus miríadas de santos. Viene para juzgar a todos, y condenará a todos los impíos por todas las malas obras que en su impiedad han cometido, y por todas las insolencias que los pecadores e impíos han lanzado contra él.*

Los que aman a Dios y aman el bien serán liberados; los que aman a Satanás y aman el mal serán eliminados de la tierra, poniendo fin al largo reinado del pecado y del sufrimiento.

Así termina la campaña de Armagedón; y la guerra que pondrá fin a todas las guerras.

FASE 8: EL VENCEDOR DIVIDE EL MONTE DE LOS OLIVOS

Entonces se derramará la séptima copa del juicio (Apocalipsis 16:17-20). Un terremoto de magnitud jamás registrada aplanará montañas y hará desaparecer islas bajo tsunamis inimaginables, muchas veces más potentes que el que golpeó Indonesia el 26 de diciembre de 2004. Jerusalén se dividirá en tres secciones, y el Monte de los Olivos se partirá en dos. Todo esto estará acompañado por una tormenta de granizo devastadora y el oscurecimiento del sol y la luna.[16]

La gran victoria de Jesús el Vencedor en su segunda venida ocurrirá en un instante, mientras desciende del cielo, antes de que toque tierra. ¡Tomará más tiempo describirla que lo que tomará librar la batalla!

Pero cuando Jesús haya descendido, sus pies tocarán tierra en el Monte de los Olivos, cumpliendo la profecía de Zacarías 14:3-4: *Después de eso, el Señor saldrá y peleará contra aquellas naciones, como se pelea en el día de la batalla. Cuando llegue ese día, el Señor plantará sus pies sobre el monte de los Olivos, que está al oriente, frente a Jerusalén; y el monte de los Olivos se partirá en dos, hacia el oriente y hacia el occidente, con lo que se formará un valle muy grande, y una mitad del monte caerá hacia el norte, y la otra mitad hacia el sur.*

Así terminan los siete años de tribulación.

Aún quedan juicios por llegar: el juicio de Israel (Ezequiel 20:33-38) y el juicio de los gentiles (Mateo 25:31-46), ambos precederán al reino milenial de Cristo; así como el gran juicio del trono blanco, que tendrá lugar después del reino milenial (Apocalipsis 20:11-15). Veremos cada uno de estos juicios con más detalle en el capítulo 7, cuando veamos a Jesús revelado como el Juez.

GUERRAS Y RUMORES DE GUERRAS

Al concluir la Primera Guerra Mundial, la supuesta "guerra para terminar con todas las guerras", los líderes mundiales se reunieron en la Conferencia de Paz de París y formaron la Sociedad de Naciones, cuya misión principal era mantener la paz mundial. Fracasó. Como dije antes, veinte años después del fin de la Primera Guerra Mundial, Hitler prendió el mundo con la Segunda Guerra Mundial.

Después de que los Aliados derrotaran a las fuerzas del Eje en la Segunda Guerra Mundial, los líderes mundiales una vez más se reunieron para formar una organización que ayudara a prevenir guerras futuras: las Naciones Unidas. Cuando se firmó la Carta de las Naciones Unidas, el presidente Truman la proclamó como "una declaración de gran fe por parte de las naciones de la tierra: fe en que la guerra no es inevitable, fe en que la paz puede mantenerse. Si hubiéramos tenido esta Carta hace algunos años, y sobre todo, la voluntad de usarla, millones que ahora están muertos estarían vivos. Si en el futuro nos falta la voluntad de usarla, millones que ahora están vivos sin duda morirán".[17]

Por desgracia para el presidente Truman, las guerras no terminaron con la firma de la Carta de la ONU. Durante su mandato, los Estados Unidos se involucró en la Guerra de Corea. Las administraciones posteriores participaron en la guerra de Vietnam, la operación Tormenta del Desierto, y la guerra contra el terrorismo. John F. Kennedy, hablando también ante las Naciones Unidas, dijo con famosa claridad: "La humanidad debe acabar con la guerra o la guerra acabará con la humanidad".[18]

Truman y Kennedy, así como todos los demás presidentes, políticos y generales que han hecho declaraciones similares, fueron ingenuos. Fueron engañados al creer que la posibilidad de paz mundial descansa completamente en manos de simples seres humanos. No es así. Nunca lo ha sido. Tal percepción es engañosa y peligrosa porque elimina a Dios de la ecuación. Y, cuando hacemos eso, tendemos a pensar que Satanás está ganando la batalla entre el bien y el mal. Y si pensamos eso, podemos perder la esperanza.

¡Pero Satanás no está ganando la batalla! No importa cuánto parezca crecer su influencia en nuestro mundo, debemos mantenernos firmes y recordarnos a nosotros mismos que Satanás *no* va a ganar esta guerra. La Biblia nos asegura que Satanás, el anticristo, el falso profeta y todos sus seguidores ya han perdido la guerra que pondrá fin a todas las guerras, incluso antes de que se pelee.

Es cierto que estos últimos días en los que vivimos están llenos de maldad. Y es igualmente cierto que en el futuro, durante los tiempos del fin, los días rebosarán maldad. Pero el Salmo 91 nos recuerda que el Señor es nuestro refugio aun en los peores momentos:

Los que viven al amparo del Altísimo
encontrarán descanso a la sombra del Todopoderoso.
Declaro lo siguiente acerca del Señor:
Solo él es mi refugio, mi lugar seguro;
él es mi Dios y en él confío.
Te rescatará de toda trampa
y te protegerá de enfermedades mortales.
Con sus plumas te cubrirá
y con sus alas te dará refugio.
Sus fieles promesas son tu armadura y tu protección.
No tengas miedo de los terrores de la noche
ni de la flecha que se lanza en el día.
No temas a la enfermedad que acecha en la oscuridad, ni
a la catástrofe que estalla al mediodía.
Aunque caigan mil a tu lado,
aunque mueran diez mil a tu alrededor,
esos males no te tocarán.
Simplemente abre tus ojos
y mira cómo los perversos reciben su merecido…

El Señor dice: «Rescataré a los que me aman;
protegeré a los que confían en mi nombre.
Cuando me llamen, yo les responderé;
estaré con ellos en medio de las dificultades.
Los rescataré y los honraré.
Los recompensaré con una larga vida
y les daré mi salvación» (vv. 1-8; 14-16, NTV).

Mientras tú y yo hacemos frente a un futuro que parece cada vez más oscuro, ¡podemos aferrarnos a esta promesa de esperanza y rescate de nuestro soberano Vencedor!

6

JESÚS EL REY

El castillo de Balmoral está ubicado en veinte mil hectáreas de tierras de cultivo en las Tierras Altas de Escocia. Para la reina Isabel II era un refugio acogedor lejos del bullicio del Palacio de Buckingham en Londres. En Balmoral, los aposentos privados de la reina estaban cerca de sus oficinas, y allí podía caminar, montar a caballo, y jugar con sus queridos perros corgis.

Su último viaje allí comenzó en el verano de 2022, y ella estaba débil. El fin de semana del 3 al 4 de septiembre cenó con el reverendo Iain Greenshields y habló de su pasado, de sus padres, de su amor por Balmoral, y de su fe en Cristo. Luego vio a su meteorólogo favorito, Tomasz Schafernaker, en la BBC.

El martes, la reina se levantó y se vistió con una falda de cuadros y una blusa y jersey grises. Usando un bastón, caminó por los pasillos hasta la sala de recepción para esperar a la nueva primera ministra del Reino Unido, Liz Truss. La reina conversó con la fotógrafa Jane Barlow sobre el clima nublado, pero sonreía de oreja a oreja. Cuando la reina saludó a Truss, Barlow tomó la última fotografía que el mundo vería de la reina Isabel.

Al día siguiente, la reina tenía un aspecto más débil, y la noche del miércoles sus médicos se dieron cuenta de que su muerte se acercaba. Un helicóptero fue enviado a buscar al príncipe Carlos, y durante el vuelo a Balmoral, revisó el protocolo para los funerales reales. Carlos y Camila llegaron y se sentaron junto a la cama de la reina Isabel durante horas. La princesa Ana y la asistente principal y amiga de la reina, Angela Kelly, se turnaron a su lado. El reverendo Kenneth MacKenzie se unió a ellos y leyó pasajes de la Biblia en voz alta.

El príncipe Carlos, pensando que su madre permanecería un poco más, fue a su casa en la finca de Balmoral y estaba recolectando hongos cuando fue llamado de regreso a la cama de su madre. Mientras manejaba él mismo hacia allá, recibió una llamada de un asistente que lo saludó como "Su Majestad". En ese momento, Carlos supo que su madre había muerto, y que él ahora era el rey.[1]

Yo fui una de las millones de personas que vieron el funeral de la reina por televisión. Comencé a preguntarme a cuántos primeros ministros británicos y presidentes estadounidenses sobrevivió Isabel. Comenzando con Winston Churchill, la reina Isabel trabajó con quince primeros ministros, y se reunió con todos los presidentes en funciones de los Estados Unidos, desde Harry Truman hasta Joe Biden, con una excepción (Lyndon B. Johnson). Fue la monarca con el reinado más largo en la historia británica, pero inevitablemente llegó el día en que su reinado terminó. Mantuvo el poder real durante 70 impresionantes años y 214 días, pero finalmente, el reino se le escapó de las manos.

Ahora piensa en esto: tú y yo tenemos un Rey que también murió, pero que regresó a la vida, y cuyo reinado nunca terminará. Él está en el trono ahora, y regresará para sentarse en un trono terrenal durante mil años, lo cual supera con creces el reinado de cualquier otro gobernante en la historia. ¡Y reinará en su trono en el cielo para siempre, durante el nuevo cielo y la nueva tierra!

Si alguna verdad de la Biblia debería animarnos, es esta. La Biblia dice:

- *¡El Señor reina! ¡El Señor se ha vestido de magnificencia!* (Salmos 93:1).
- *¡El Señor reina! ¡Que se regocije la tierra! ¡Que se alegren las muchas costas!* (Salmos 97:1).
- *Y reinará sobre la casa de Jacob para siempre, y su reino no tendrá fin* (Lucas 1:33).
- *¡Aleluya! ¡Reina ya el Señor, nuestro Dios Todopoderoso!* (Apocalipsis 19:6).
- *En su manto y en su muslo lleva inscrito este nombre: "Rey de reyes y Señor de señores"* (v.16).

Si tú has proclamado a Jesús como el Rey de tu vida, entonces eres coheredero con Jesús (Romanos 8:17), y Dios te capacita para "reinar en vida por medio de un solo hombre: Jesucristo" (Romanos 5:17). Eso debería despertar tu interés en cómo Jesús el Rey establecerá su reino de mil años en la tierra.

En este capítulo nos enfocaremos en Jesús el Rey, observando los eventos que tendrán lugar antes de que establezca su reino milenario, durante su reino milenario, y después de su reino milenario.[2]

ANTES DEL REINO MILENARIO

Muchas personas suponen que Cristo establecerá su reino milenario inmediatamente después de su venida, pero la Biblia indica que habrá un periodo intermedio de dos meses y medio entre el final de la tribulación y el comienzo del reino milenario de Jesús.

¿Cómo conocemos la existencia de este periodo de transición? Cerca del final de su libro, Daniel profetizó sobre este tiempo, dividiéndolo en dos periodos de treinta días y cuarenta y cinco días, respectivamente.

LOS TREINTA DÍAS

Con respecto a los treinta días, Daniel escribió: *Desde el momento en que sea suspendido el sacrificio continuo hasta la abominación desoladora, pasarán mil doscientos noventa días* (12:11). Según Daniel 9:27, sabemos que la abominación desoladora marca la mitad de la tribulación de siete años y el comienzo de los últimos tres años y medio (o 1260 días). Entonces, ¿a qué se deben los treinta días adicionales?

Al final de la tribulación, Jesús juzgará a Israel (Ezequiel 20:33-38; Mateo 25:1-30) y a las naciones gentiles (vv. 31-46), y ambos juicios los trataremos en el siguiente capítulo sobre Jesús el Juez. Pero baste con decir que estos juicios involucrarán a los supervivientes de la tribulación, separando a los que adoraron al anticristo de los que adoraron a Jesucristo. Lo más probable es que estos dos juicios ocurran durante este periodo de treinta días.

* EL ANTICRISTO Y EL FALSO PROFETA SON ARROJADOS AL LAGO DE FUEGO

Los juicios de los judíos y los gentiles no son las únicas actividades que se producirán durante estos treinta días.

Inmediatamente después del Armagedón, el anticristo y el falso profeta, de quienes hablé en el capítulo anterior, serán arrojados al lago de fuego, tal como escribió Juan: *Pero la bestia fue apresada, y también el falso profeta [...]. Estos dos fueron lanzados vivos a un lago de fuego que arde con azufre* (Apocalipsis 19:20).

El lago de fuego (infierno) es un lugar de castigo para Satanás y sus ángeles caídos. En Mateo 25:41 Jesús se refirió al "fuego eterno, preparado para el diablo y sus ángeles!". Contrariamente a la creencia popular, Satanás y sus ángeles no están residiendo aún en el infierno, sino que son libres de recorrer la tierra (Job 1:6-7; 2:1-2). Sin embargo, su día de juicio se acerca, y Satanás y sus demonios serán arrojados al infierno junto con todos aquellos que rechacen el regalo de vida eterna que ofrece Jesús, incluidos el anticristo y el falso profeta.

* SATANÁS ES ATADO Y ENCARCELADO EN EL ABISMO

Aunque el anticristo y el falso profeta son arrojados al lago de fuego, Satanás y sus demonios no lo son, al menos por ahora. Son enviados a una prisión diferente.

Conocemos el destino del diablo en Apocalipsis 20, donde Juan dijo: *Vi entonces que un ángel descendía del cielo. Llevaba en su mano la llave del abismo y una gran cadena. Apresó al dragón, que es la serpiente antigua, y que es también el Diablo y Satanás, y lo ató durante mil años; luego lo arrojó al abismo* (vv. 1-3).

La palabra griega traducida como "abismo" (*abyssos*) se refiere a un pozo sin fondo. Es un lugar tan horrible que otros demonios están aterrados de ir allí. Durante una de las confrontaciones de Jesús con espíritus malignos, ellos le rogaron que no los enviara "al abismo" (Lucas 8:31).[3]

Antes de que comience el reino milenario, Satanás y sus demonios se unirán a los demonios que ya están encadenados en el abismo, para que Satanás no pueda "engañar a las naciones" durante el reinado de mil años de Jesús el Rey (Apocalipsis 20:3).

* LA RESURRECCIÓN DE LOS SANTOS DEL ANTIGUO TESTAMENTO Y DE LA TRIBULACIÓN

¡Uf! Cuánta actividad hemos visto hasta ahora:

- Jesucristo regresa.
- La batalla del Armagedón concluye.
- Dios juzga a Israel y a las naciones gentiles durante treinta días.
- El anticristo y el falso profeta son arrojados al lago de fuego.
- Satanás y sus demonios son atados.

¡Pero hay más!

Simultáneamente con la segunda venida del Rey y el comienzo de este tiempo de transición ocurrirá la resurrección de los santos del Antiguo Testamento (aquellos salvos por gracia mediante la fe en Dios, Romanos 4:16-25), como lo prometió Isaías, quien dijo: *Pero tus muertos vivirán; sus cadáveres volverán a la vida. Los que ahora habitan en el polvo se despertarán y cantarán de alegría, porque tú eres como un rocío de luces, y la tierra dará a luz a sus muertos* (Isaías 26:19).

Daniel 12:2 repite esta promesa: *Muchos de los que duermen en el polvo de la tierra serán despertados, unos para vida eterna.*

El otro grupo de personas que será resucitado en ese momento son los mártires de la tribulación. En Apocalipsis 20:4 Juan escribió: *Vi entonces unos tronos, y sobre ellos estaban sentados los que recibieron la autoridad para juzgar. También vi las almas de los que fueron decapitados por causa del testimonio de Jesús y por la palabra de Dios. Ellos son los que nunca adoraron a la bestia ni a su imagen, ni aceptaron jamás llevar su marca en la frente ni en las manos; y éstos volvieron a vivir y reinaron con Cristo durante mil años.*

Todo esto concuerda con las enseñanzas de Pablo en 1 Corintios 15:20-25 acerca de las etapas de las resurrecciones que ocurrirán:

- Primero, Cristo fue resucitado en tiempos del Nuevo Testamento como las primicias, un término que describe la primera parte de toda la cosecha.
- Entonces, los que han muerto en Cristo (los cristianos) serán resucitados en el arrebatamiento.
- Siete años después, los santos del Antiguo Testamento y los mártires de la tribulación resucitarán en la segunda venida de Cristo para vivir con los cristianos en el reino milenario.
- Los creyentes que mueran durante el milenio serán resucitados al final del milenio.
- Todos los incrédulos resucitarán al final del milenio para ser condenados en el juicio del gran trono blanco (Apocalipsis 20:12-13).

Cuando el Rey Jesús dijo que vencería la muerte (1 Corintios 15:26), ¡lo decía en serio! Él está en el negocio de la resurrección, y no se olvidará de nadie. Cuando nos sentimos débiles o enfermos, nos anima pensar en los cuerpos glorificados que disfrutaremos para siempre. Esa es una de las razones por las que "las aflicciones del tiempo presente en nada se comparan con la gloria venidera que habrá de revelarse en nosotros" (Romanos 8:18).

* LA LIMPIEZA DEL TEMPLO Y DE LA TIERRA

Todo lo que he descrito hasta ahora ocurrirá inmediatamente después del regreso de Cristo. Pero los dos eventos siguientes, aunque no se mencionan específicamente en la Escritura, parecen suposiciones razonables. También es probable que ocurran durante los treinta días que siguen al regreso de Cristo.

El primero es el retiro del ídolo del anticristo y la purificación del templo de la abominación desoladora. Creo que el templo de la tribulación será derribado y que el nuevo templo milenial será construido en su lugar.

El segundo es la eliminación de los cuerpos después de la campaña del Armagedón. Habrá un esfuerzo masivo para enterrar todos los cadáveres. Incluso con la ayuda de las aves carroñeras que se reunirán después del Armagedón (Apocalipsis 19:17-21), el número de muertos será tan abrumador que probablemente se tardará un mes o más en limpiar la tierra de todos los cuerpos. Piensa en las imágenes o videos que has visto de la liberación de los campos de concentración nazis, con cadáveres cargados en vagones de tren o apilados en los patios esperando la cremación, y te harás una idea de lo que viene.

Como puedes ver, las breves semanas entre el final de la campaña del Armagedón y el comienzo del milenio estarán llenas de eventos significativos.

LOS CUARENTA Y CINCO DÍAS

Ahora hablemos de los cuarenta y cinco días. ¿Los recuerdas? Antes mencioné que Daniel profetizó sobre este tiempo de transición, dividiéndolo en dos periodos: treinta días y cuarenta y cinco días. Al final de su libro, Daniel dijo: *Desde el momento en que sea suspendido el sacrificio continuo hasta la abominación desoladora, pasarán* mil doscientos noventa días. *Bienaventurado el que espere y llegue a* mil trescientos treinta y cinco días (12:11-12).

Eso suena como un acertijo, pero simplemente es un problema de matemáticas. ¿Cuánto es 1335 menos 1290? Son cuarenta y cinco. En otras palabras, hay cuarenta y cinco días más allá de los 1290 días que Daniel mencionó en el versículo 11. ¿Cuál es el propósito de estos días adicionales? Esa es una especie de incógnita, pero al menos una explicación parece aceptable: *establecer la estructura administrativa del reino milenial.*[4]

Los estadounidenses están familiarizados con algo similar. Cada cuatro u ocho años hay una nueva administración presidencial. El tiempo entre el Día de las Elecciones en noviembre y el Día de la Investidura en enero es un periodo de transición, durante el cual la administración saliente pone al tanto a la administración entrante sobre lo que está ocurriendo en el país y en el mundo. Durante este tiempo, las nominaciones del nuevo presidente para los cargos del gabinete son evaluadas y votadas por el Senado. El periodo intermedio tiene el propósito de asegurar que la nueva administración esté lista para gobernar desde el primer día.

Por supuesto, cuando Jesús comience su reinado como Rey no necesitará ayuda de la "vieja administración", la que trajo el pecado y el sufrimiento al mundo. Pero, como escribió un erudito, los cuarenta y cinco días adicionales "pueden ser el tiempo necesario para establecer la maquinaria gubernamental para llevar a cabo el gobierno de Cristo. Se tendrán que establecer las verdaderas y completas fronteras de Israel... y hacer nombramientos para aquellos que ayudarán en el gobierno".[5]

En cuanto a estos nombramientos, Pablo escribió: *Si sufrimos, también reinaremos con él* (2 Timoteo 2:12). Juan dijo algo similar en Apocalipsis 20:6 sobre los mártires de la tribulación: *Serán sacerdotes de Dios y de Cristo, y reinarán con él durante mil años.*[6] Tomará tiempo nombrar a estos santos en sus puestos y prepararlos para que lleven a cabo sus responsabilidades.

Recuerda: Dios no es un Dios de confusión sino de orden (1 Corintios 14:33). Después del caos de la tribulación, el mundo estará listo para un Rey que sabe lo que hace y lo hace de manera ordenada, incluso si toma un poco de tiempo. Yo he experimentado eso en mi propia vida, ¿y tú? Cuando hacemos a Jesús el Rey de nuestros corazones, Él trae orden a nuestras vidas. Puede que tome algún tiempo, pero Cristo pone las cosas en su lugar de manera gradual con nosotros, en nosotros, y a través de nosotros. Tenemos un Rey que trae calma en medio del caos y orden en medio de la confusión.

DURANTE EL REINO MILENIAL

La descripción que Juan hace del reino milenial es breve y directa. Le dedicó solo seis versículos (Apocalipsis 20:1-6), pero Juan era un ávido estudiante del Antiguo Testamento. Conocía bien las descripciones extensas del reinado milenial de Cristo registradas en Isaías, Ezequiel, Zacarías, Joel y otros profetas hebreos.[7] Al escribir Apocalipsis, el propósito de Juan no era repetir esas descripciones del Antiguo Testamento sobre el reino, sino mostrarnos la cronología de los eventos y añadir un par de detalles fundamentales.

Este será el momento en que Jesús cumplirá todas nuestras oraciones que dicen: "Venga tu reino" (Mateo 6:10). Durante este periodo glorioso se cumplirán todas las promesas de Dios a la nación de Israel. Será una era en la que toda la tierra estará llena de la gloria del Señor como las aguas cubren el mar (Isaías 11:9; Habacuc 2:14). Muchas personas dirán: *¡Vengan, subamos al monte del Señor, a la casa del Dios de Jacob! Él nos guiará por sus caminos, y nosotros iremos por sus sendas* (Isaías 2:3).

Me alegra saber que no tenemos que esperar hasta entonces para oír una palabra de nuestro Rey. Tú y yo tenemos acceso a su sala del trono cada vez que abrimos nuestras Biblias, ¿no es cierto? Pero imagina lo maravilloso que será escucharlo en persona. ¡Eso es algo que verdaderamente vale la pena esperar!

CIUDADANOS DEL REINO

Veremos el juicio de Israel y de los gentiles con mayor profundidad en el siguiente capítulo, pero déjame adelantar un punto clave sobre estos juicios que es fundamental para el reino: tanto Ezequiel 20:34-38 (con respecto a Israel) como Mateo 25:31-46 (con respecto a los gentiles) dicen que solo los justos entrarán en el reino milenial. Isaías 60:21 lo deja claro: Todos en tu pueblo serán personas justas*, y para siempre heredarán la tierra. Para gloria mía, serán renuevos de mi propio campo, ¡la obra de mis manos!*

Dos grupos de personas salvas entrarán en el reino milenial: aquellos con cuerpos inmortales y aquellos con cuerpos mortales. Permíteme explicarlo.

* AQUELLOS CON CUERPOS INMORTALES

Como dije antes, muchos de los que estén en la tierra durante el milenio ya habrán resucitado de entre los muertos. Cristo fue las primicias de la resurrección. En el arrebatamiento, todos los creyentes fallecidos serán resucitados, y sus cuerpos serán glorificados instantáneamente y hechos incorruptibles. Un instante después, todos los creyentes que aún estén vivos serán arrebatados para unirse a los resucitados en el aire, y también experimentarán una glorificación repentina de sus cuerpos.

Luego están los santos del Antiguo Testamento y los mártires de la tribulación, quienes habrán sido resucitados y recibirán cuerpos glorificados. Ya hemos hablado de todo esto en este capítulo, pero el punto ahora es que todos estos cuerpos glorificados e incorruptibles se unirán a Jesús el Rey en la tierra por mil años.

Debido a que estas personas habrán recibido cuerpos glorificados, ya no tendrán una naturaleza pecaminosa y no podrán morir. Pablo explicó esta transformación de lo mortal a lo inmortal de la siguiente manera: *Lo que se siembra en corrupción, resucitará en incorrupción; lo que se siembra en deshonra, resucitará en gloria; lo que se siembra en debilidad, resucitará en poder. Se siembra un cuerpo animal, y resucitará un cuerpo espiritual* (1 Corintios 15:42-44).

Pablo luego dijo (con una alusión al arrebatamiento):

Presten atención, que les voy a contar un misterio: No todos moriremos, pero todos seremos transformados en un instante, en un abrir y cerrar de ojos, cuando suene la trompeta final. Pues la trompeta sonará, y los muertos serán resucitados incorruptibles, y nosotros seremos transformados. Porque es necesario que lo corruptible se vista de incorrupción, y lo mortal se vista de inmortalidad. Y cuando esto, que es corruptible, se haya vestido de incorrupción, y esto, que es mortal, se haya vestido de inmortalidad, entonces se cumplirá la palabra escrita: «Devorada será la muerte por la victoria». ¿Dónde está, oh muerte, tu aguijón? ¿Dónde, oh sepulcro, tu victoria? (vv. 51-55)

* AQUELLOS CON CUERPOS MORTALES

Por supuesto, los creyentes que sobrevivan a la tribulación no habrán muerto todavía. Y, como no habrán muerto, no serán resucitados. Todavía tendrán cuerpos mortales y, por lo tanto, seguirán sujetos a la muerte.

Aunque una característica clave del reino milenial será la longevidad (Isaías 65:20), aquellos que entren al reino con sus cuerpos naturales conservarán su naturaleza pecaminosa y cometerán pecados (aunque sus pecados estarán restringidos sin la influencia satánica). Por lo tanto, en algún momento morirán y serán resucitados al final del reino de mil años (Apocalipsis 20:5).

Aunque la Escritura guarda silencio sobre este hecho, parece lógico que estos creyentes, que sobrevivan a la tribulación y por lo tanto entren al reino milenial con sus cuerpos mortales, se casarán y tendrán hijos, nietos, bisnietos (y así sucesivamente) durante el reino milenial. Muchos de sus descendientes expresarán fe en Jesús el Rey; pero otros podrían rechazar a Jesús y participar en la rebelión final cuando Satanás sea liberado del abismo, como veremos más adelante (vv. 7-10).

CARACTERÍSTICAS DEL REINO

El reino milenial será como ninguna otra época en la historia humana. No solo habrá bendiciones espirituales y materiales extraordinarias, sino que la geografía de la tierra será transformada, y las promesas de Dios a su pueblo del pacto se cumplirán finalmente y por completo.

* CARACTERÍSTICAS GEOGRÁFICAS

Según Zacarías 14:10-11, Jerusalén nunca más será destruida ni deshabitada; sin embargo, durante el reino milenial la ciudad sufrirá un cambio radical. Se elevará por encima de su actual altura de aproximadamente 750 metros sobre el nivel del mar y dominará la geografía circundante. Esto es apropiado, ya que Jerusalén será la capital del Rey, una ciudad brillante en lo alto de una colina.[8]

Uno de los factores interesantes sobre el aumento repentino de elevación de Jerusalén es la creación de un arroyo que fluirá todo el año desde la ciudad, de este a oeste. El profeta Zacarías dijo que un arroyo fluirá a través y desde Jerusalén y luego se dividirá en dos corrientes: una hacia el oriente y otra hacia el occidente: *Cuando llegue ese día, de Jerusalén brotarán aguas vivas, y la mitad de ellas se irá hacia el mar oriental* [el Mar Muerto], *y la otra mitad se irá hacia el mar occidental* [el mar Mediterráneo] (v. 8). Lo que hace esto notable, además del hecho de que hoy no hay ningún arroyo ni río que fluya por Jerusalén, es que el verano en Israel es caluroso y seco, cuando los cauces no son más que arena y rocas. Pero no durante el reino milenial.

A medida que esta "agua viva" fluya desde el centro del templo en Jerusalén, se convertirá en un río caudaloso (Ezequiel 47:1, 5). Al fluir hacia el este, hacia el desierto, la vegetación florecerá, árboles frutales (v. 12), flores, pastos y juncos (Isaías 35:1-2, 7), transformando el desierto en un jardín.

Esto es una imagen del favor y la bendición de Dios sobre su pueblo. Donde Jesús el Rey reina, las aguas vivas fluyen desde debajo de su trono. Eso también es verdad hoy para ti y para mí, porque Jesús nos dijo en Juan 7:38: *Del interior del que cree en mí, correrán ríos de agua viva, como dice la Escritura.* Eso está ocurriendo en tu vida ahora mismo por medio del Espíritu Santo, si Jesús es el Rey de tu vida.

* CARACTERÍSTICAS DEL PACTO

En el reino milenial, aguas cristalinas fluirán desde el trono de Cristo en Jerusalén, transformarán el desierto en un jardín y limpiarán el Mar Muerto, que estará lleno de peces (Zacarías 14:8; Ezequiel 47:1-12). Israel se convertirá en una tierra de leche y miel (Joel 3:18).

Dentro de esta renovación virtual del jardín del Edén, Dios finalmente cumplirá su pacto con Israel. La nación no solo tendrá al Rey prometido, sino que también poseerá por fin toda la tierra que Dios prometió a Abraham en Génesis 15:18-21: desde el río Nilo en Egipto hasta el río Éufrates en Babilonia (Ezequiel 47:21-22). Superpuesto a un mapa actual, esto incluye el Líbano y Siria; partes de Jordania, Irak y la península del Sinaí; junto con Israel, Cisjordania, y tierras actualmente ocupadas por los palestinos.

Este territorio será dividido en tres partes. Las tribus de Dan, Aser, Neftalí, Manasés, Efraín, Rubén y Judá ocuparán la parte norte de Israel (48:1-7). Las tribus de Benjamín, Simeón, Isacar, Zabulón y Gad ocuparán la parte sur (vv. 23-28). Entre estas secciones norte y sur habrá una gran porción consagrada a Dios, donde residirán los sacerdotes (vv. 8-22).

Al comienzo del reino milenial, el templo en Jerusalén será reconstruido (vv. 26-18) por Cristo (Zacarías 6:12-13), judíos redimidos (Ezequiel 43:10-11), y representantes de naciones gentiles (Hageo 2:7; Zacarías 6:15). El templo milenial será significativamente más grande que los templos anteriores (Ezequiel 40:1-46:24) y, sin duda, dominará el horizonte de Jerusalén. ¿Te imaginas cuán maravilloso será?

Para mí, el hecho más grandioso con respecto al reino milenial es que Jesús siempre cumple sus promesas. El Antiguo Testamento está lleno de bendiciones prometidas por Dios a Israel. En el Sermón del Monte, Jesús dijo: *Porque de cierto les digo que, mientras existan el cielo y la tierra, no pasará ni una jota ni una tilde de la ley, hasta que todo se haya cumplido* (Mateo 5:18).

Jesús cumplirá cada promesa que ha hecho a Israel, ¡y también cumplirá sus promesas contigo y conmigo! Cada noche, podemos recostar nuestra cabeza sobre una promesa y dormir tranquilos. Cada mañana podemos aferrarnos a una promesa y dejar que nos impulse durante el día. La palabra del Rey es suprema, y sus promesas son seguras. Eso nos lleva al siguiente elemento del milenio: ¡el Rey mismo!

REY DEL REINO

Desde su infancia, a Jesús se le llamó el Rey de los judíos. En Mateo 2 los sabios llegaron buscándolo con ese título, y los romanos colgaron ese título sobre su cabeza mientras moría en la cruz. Resucitó y estableció su Iglesia, pero durante la era de los últimos tiempos que estamos tratando en este libro, Jesús el Rey vendrá plenamente a su reino y gobernará en la tierra en un reinado geopolítico. ¿Cómo será y qué hará?

* BENDICIONES ADMINISTRATIVAS

Ya mencioné que durante el reino milenial, Jesucristo reinará sobre el trono de David en Jerusalén como Rey de reyes y Señor de señores sobre toda la tierra.[9] Y nosotros, los redimidos, participaremos en la administración de su gobierno (2 Timoteo 2:12).[10]

Lo que aún no te he dicho es que David tendrá responsabilidades especiales sobre Israel,[11] y los doce apóstoles servirán como jueces sobre las doce tribus de Israel (Mateo 19:28; Lucas 22:29-30).

Jeremías 30:9 dice sobre este tiempo: *Sólo servirán al Señor su Dios, a David su rey, y a quien yo haga reinar en su lugar.* Ezequiel 34:23-24 dice: *Voy a ponerlas al cuidado de un pastor que yo mismo les daré. Ese pastor será mi siervo David, y él será quien las apacentará. Yo, el Señor, seré su Dios, y mi siervo David será su príncipe.*

Por fin, tendremos un gobierno que no nos decepcionará. A diferencia de los gobiernos actuales, el gobierno de Jesús el Rey en la tierra será justo (Isaías 11:3-5) y recto (Isaías 9:7), y hará que la paz prevalezca.

Nadie lo describió más bellamente que Isaías: *Él juzgará entre las naciones, y dictará sentencia a muchos pueblos. Y ellos convertirán sus espadas en rejas de arado, y sus lanzas en hoces.*

Ninguna nación levantará la espada contra otra nación, ni se entrenarán más para hacer la guerra (Isaías 2:4).

¡Aleluya!

* BENDICIONES FÍSICAS

En el reino milenial, las bendiciones administrativas se derramarán también en bendiciones físicas, alterando el medio ambiente de la tierra (como ya vimos con el desierto floreciendo) y nuestra relación con él. Ya no temeremos a los animales salvajes como leones, tigres y osos (¡ay!) porque todos estarán domesticados. Los corderos ya no temerán a los lobos, las cabras no temerán a los leopardos, los becerros no temerán a los leones, y las vacas no temerán a los osos (Isaías 11:6-7). Los niños jugarán con cobras y víboras, y nadie sufrirá daño porque "la tierra estará saturada del conocimiento del Señor" (vv. 8-9).

La maldición de Génesis 3 será levantada. Ya no tendremos que producir nuestro sustento con el sudor de nuestra frente. No habrá más espinos ni cardos, sequías ni hambrunas. Todo lo que sembremos producirá una cosecha abundante, año tras año (Isaías 30:23-24). Y todo lo que emprendamos prosperará (Jeremías 31:12-14).

La enfermedad y la dolencia ya no nos afligirán: los ciegos verán, los sordos oirán, y los cojos caminarán (Isaías 29:18; 33:24). Y quienes sobrevivan a la tribulación y entren al reino milenial en sus cuerpos mortales morirán a una edad avanzada, de cien años o más (Isaías 65:20). Los creyentes con cuerpos mortales que mueran sirviendo a Cristo durante los mil años del reino sin duda serán resucitados en forma incorruptible al final del milenio, a tiempo para entrar en las alegrías eternas del nuevo cielo y la nueva tierra.

* BENDICIONES ESPIRITUALES

Las bendiciones espirituales del reino milenial serán tan magníficas como las físicas. La presencia del Espíritu Santo se manifestará de una manera nunca antes experimentada.[12] Prevalecerán la justicia y la santidad, junto con la obediencia y la fidelidad, porque ante él "se doble toda rodilla... y toda lengua confiese que Jesucristo es el Señor", en adoración al Rey (Filipenses 2:10-11).[13]

Durante mucho tiempo, los cristianos han anhelado y orado pidiendo un avivamiento. Pues bien, ¡ya llega! Durante mil años, la atmósfera de la tierra será de refrescante avivamiento espiritual. Eso debería motivarnos a vivir ahora en un estado de avivamiento personal continuo.

La Biblia está llena de más información sobre el milenio que no tengo espacio para desarrollar aquí. Algunos estudiosos creen que este tema ocupa más tinta que cualquier otro en las Escrituras, y yo también lo creo. El reinado de Jesús el Rey es el objetivo final de Dios para este planeta, cuando Él cumplirá todo lo que ha dicho para su pueblo, tal como lo está haciendo contigo y conmigo.

DESPUÉS DEL REINO MILENIAL

Con reticencia, dejemos los mil años del reinado de Jesús el Rey y hablemos de lo que sucederá después. Los acontecimientos se desarrollarán rápidamente, conduciendo al estado eterno. Hablaremos de la mayoría de eso en el siguiente capítulo, pero por ahora veamos lo que sucede *inmediatamente* después del reino milenial.

SATANÁS ES LIBERADO Y LIDERA UNA REBELIÓN

Como mencioné antes, Satanás y sus demonios estarán encerrados en el abismo durante el milenio (Apocalipsis 20:1-3), pero al final de ese tiempo, Jesús el Rey abrirá la puerta de la prisión y permitirá que Satanás y sus demonios salgan. Juan escribió: *Al cabo de los mil años, Satanás fue puesto en libertad de su prisión* (v. 7).

No conozco todas las razones por las que Jesús hace esto, pero sí sé que todo lo que Él hace es justo. Todos tenemos misterios en nuestras vidas, y nos preguntamos por qué el Señor permite que ocurran ciertas cosas. Pero, al final del día, sabemos que Él hace todo bien (Marcos 7:37).

Tal vez parte de la razón por la cual Jesús liberará a Satanás y sus secuaces tenga que ver con una última extensión de gracia. La inminente crisis dará a las personas mortales que vivan durante el milenio una última oportunidad para poner su fe en Él. Esto parece ser una especie de invitación final en la historia humana, ya que cada persona en la tierra tendrá que tomar una decisión. Me imagino que la amenaza de guerra después de mil años de paz hará que millones de personas se vuelvan a Cristo. Podría ser el mayor despertar en la historia.

Así se desarrollará. Fiel a su naturaleza, la primera tarea de Satanás será engañar a quienes nacieron en cuerpos mortales durante el reino milenial. Buscará persuadirlos para que se unan a él en un último intento de enfrentarse a Jesús el Rey. Los ejércitos de Satanás vendrán de "los cuatro extremos de la tierra", de todos los territorios del mundo, y su número será "como la arena del mar" (Apocalipsis 20:8). Rodearán Jerusalén, la capital del Rey, decididos a derrocar al Rey y matar a sus seguidores. Pero antes de que puedan iniciar su ataque, Jesús el Rey enviará fuego divino desde el cielo que incinerará a todos sus oponentes (v. 9).

SATANÁS ES ARROJADO AL LAGO DE FUEGO

Satanás y sus demonios sobrevivirán al fuego del cielo solo para ser apresados y arrojados al "lago de fuego y azufre", reuniendo así la falsa trinidad de Satanás, el anticristo, y el falso profeta. Ahora están permanentemente condenados al infierno, donde serán "atormentados día y noche por los siglos de los siglos" (v. 10).

La próxima vez que el diablo te atormente, como tan a menudo lo hace, ¡recuerda cómo será tu futuro en el cielo y cómo será el suyo en el infierno! Como escribió el apóstol Juan: *Mayor es el que está en ustedes que el que está en el mundo* (1 Juan 4:4).

HOY ES EL DÍA DE SALVACIÓN

En este capítulo hemos cubierto mucho territorio mirando los días inmediatamente antes del reino milenial, lo que sucederá durante el reinado de mil años de Jesús el Rey, y lo que ocurrirá al final de ese periodo.

Después llegará el juicio ante el gran trono blanco y el nuevo cielo y la nueva tierra, de lo cual hablaremos en los próximos capítulos.

Sin embargo, antes de continuar quiero recordarte una oración simple de una sola palabra que resume todos nuestros sueños y anhelos más profundos: "¡Maranata!". La encontrarás en 1 Corintios 16:22. Es la transliteración de una frase griega que significa: "¡El Señor viene!". Es similar a la oración al final de Apocalipsis: "¡Ven, Señor Jesús!" (22:20).

Cuando viajo por el país hablando en conferencias e iglesias, les pregunto a los creyentes cuál es la oración que más frecuentemente presentan ante el Señor. La respuesta por lo general tiene que ver con algún problema o dolor. Pero te animo a que hagas de "¡Maranata!" una oración habitual también: "¡Ven, Señor Jesús!". Debemos anhelar el rapto, ansiar el regreso de Cristo, y desear nuestra herencia completa en el cielo.

¿Estás listo? ¿Estás seguro? El Señor aún no ha aparecido en el cielo para el rapto, pero podría suceder en cualquier momento. Si parece que se está demorando, es porque está dando a las personas una oportunidad para poner su fe en Él. La Biblia dice: *Dios nuestro Salvador, [...] quiere que todos los hombres sean salvos y lleguen a conocer la verdad* (1 Timoteo 2:3-4). Pedro confirmó este mismo deseo cuando escribió: *El Señor no se tarda para cumplir su promesa, como algunos piensan, sino que nos tiene paciencia y no quiere que ninguno se pierda, sino que todos se vuelvan a él* (2 Pedro 3:9).

Esto me recuerda una historia que leí sobre Dave Watson, pastor principal de Calvary Chapel en Staten Island. Watson tenía catorce años y estaba a punto de tomar malas decisiones cuando vio un ejemplar de la revista *Decisión* en su casa. El artículo principal se titulaba: "¿Estás listo para los últimos días?", escrito por Billy Graham.

Watson leyó el artículo, y esa lectura lo sacudió. Aunque había asistido a la iglesia, nunca había escuchado el evangelio predicado en el contexto de los eventos proféticos. Las palabras de Graham lo confrontaron, y no pudo sacárselas de la mente.

La semana siguiente, Watson buscó a un entrenador de fútbol conocido por ser cristiano y habló con él. A través de esa conversación, Watson escribió más adelante: "Puse mi fe y confianza en la muerte y resurrección de [Cristo] para el perdón de mis pecados y mi destino eterno".[14]

Me gustaría terminar este capítulo con la misma pregunta que Dave Watson leyó en *Decisión*: ¿Estás listo para los últimos días?

Hoy es el día de salvación. No postergues esta decisión, porque puede que no tengas un mañana. Ven a Jesús tal como estás. Confiesa tus pecados y confía en su salvación. Cuando decides seguir a Jesucristo, eso marca toda la diferencia en tu vida hoy; y mañana.

7

JESÚS EL JUEZ

¿Cuál es el más alto tribunal del mundo? Si le preguntas a cualquier estadista, político o experto legal, te señalará la Corte Internacional de Justicia (CIJ), comúnmente conocida como la Corte Mundial. La Corte Mundial surgió del caos de la Segunda Guerra Mundial para animar a las naciones a resolver sus disputas mediante leyes en lugar de guerras. Como el principal órgano judicial de las Naciones Unidas, el propósito de la CIJ es resolver disputas legales entre naciones y emitir opiniones sobre el derecho internacional. Quince jueces son seleccionados de todo el mundo, y se sientan en un estrado elevado en un majestuoso salón de un edificio conocido como el Palacio de la Paz en La Haya, Países Bajos.

Algunos observadores se preguntan si la CIJ llegará a formar parte del gobierno mundial único que llegará durante la tribulación del fin de los tiempos. Un artículo en el *Denver Journal of International Law and Policy* decía: "La necesidad y el uso eficaz de la CIJ es más evidente hoy que en tiempos pasados, debido a la amenaza actual de un desastre nuclear y la posibilidad de proliferación nuclear en estados pequeños y hostiles. Además, la evolución hacia una sociedad 'mundial única' hace que la CIJ sea indispensable".[1]

Quizás los jueces de la Corte Mundial sean sinceros, pero ninguno está libre de inclinaciones políticas ni de sabiduría limitada. El título de este tribunal (la Corte Internacional de Justicia) implica más autoridad de la que realmente tiene. Y es vulnerable a las variantes políticas de un mundo cada vez más secular.

Pero algún día llegará una corte internacional de justicia compuesta por un solo Juez infalible que es imparcial, justo, y con verdadera autoridad. Puede parecer abrumador, pero estudiar el papel futuro de nuestro Señor como Juez resulta, en última instancia, alentador.

Hechos 17:31 dice que Dios "ha establecido un día en que, por medio de aquel varón que escogió y que resucitó de los muertos, juzgará al mundo con justicia". En este capítulo, veremos los juicios del fin de los tiempos sobre los cuales presidirá Jesús el Juez: el tribunal de Cristo, el juicio de los mártires de la tribulación, el juicio de Israel, el juicio de los gentiles y, al final, el juicio del gran trono blanco para los incrédulos.

EL TRIBUNAL DE CRISTO

Comencemos con el evento conocido en la Escritura como el tribunal de Cristo.

A mi esposa Amy y a mí nos gusta tomarnos tiempo cada dos años para ver los Juegos Olímpicos de verano y de invierno. Entre el drama, la acción y el atletismo de los competidores suele haber algunos momentos que hacen que se nos salten las lágrimas. Así fue cuando vimos al nadador Ryan Held, de veintiún años, de pie en el podio de ganadores con una medalla de oro colgando de su cuello. Held y sus tres compañeros de equipo habían ganado el relevo 4x100 estilo libre en los Juegos Olímpicos de Río 2016. Cuando se izó la bandera estadounidense y sonó el himno nacional, Held se derrumbó en llanto. Su orgullo nacional y su victoria personal transformaron su rostro en una imagen de emoción incontrolable, y millones de personas lloraron con él por su alegría.

Algo parecido a esas ceremonias de premiación aguarda a cada creyente que ha muerto en Cristo desde el tiempo de Pentecostés hasta hoy, junto con todos los creyentes que estarán vivos en el momento del rapto de la Iglesia. Como he señalado, la tribulación de siete años seguirá al rapto; pero la tribulación no es el único evento que ocurre poco después del rapto. También está el juicio de los creyentes resucitados y arrebatados.[2]

El apóstol Pablo escribió: *Porque es necesario que todos nosotros comparezcamos ante el tribunal de Cristo, para que cada uno reciba según lo bueno o lo malo que haya hecho mientras estaba en el cuerpo* (2 Corintios 5:10).

La frase "el tribunal de Cristo" es una sola palabra en griego: *bema*, que significa plataforma. Cuando se usaba en un contexto atlético, como los antiguos Juegos Olímpicos, se refería a un trono elevado donde se sentaba un dignatario. Cada vencedor llegaba al *bema* para recibir su corona: una guirnalda de hojas. Tal vez hayas visto al presidente de los Estados Unidos entregar un honor, como la Medalla Presidencial de la Libertad. Normalmente, el presidente entra al Salón Oriental de la Casa Blanca y sube a una plataforma elevada. En el momento indicado, el homenajeado se acerca a la plataforma, desde donde el presidente le entrega el galardón. En tiempos bíblicos, a esa plataforma se le habría llamado *bema*.

Bema también se usaba en un contexto judicial, como cuando Pablo compareció ante el funcionario romano Galión, que se sentaba en un estrado elevado para emitir juicio (Hechos 18:12-16), algo parecido a los estrados donde se sientan los jueces hoy en día. También vemos esto mismo en los Evangelios, cuando Jesús compareció ante el tribunal de Pilato en Juan 19:13.

Pronto, Jesús mismo se sentará en el tribunal, y sus fallos serán tanto judiciales como ceremoniales. Serán judiciales en el sentido de que Jesús el Juez pronunciará un veredicto sobre cada creyente individual (Romanos 14:10). Es importante recordar que en este juicio a los cristianos, el veredicto no se refiere a nuestra redención; nuestros pecados ya han sido juzgados por Dios, y su castigo divino fue satisfecho por Cristo en la cruz. Más bien, el veredicto de Jesús en el tribunal de Cristo se relacionará con nuestras recompensas, lo cual hace que este juicio sea ceremonial.

En una competición deportiva es fácil determinar quién gana y quién pierde: quien cruza la meta primero o el equipo que más puntos anota gana la medalla de oro. Es más complejo en un juicio, aunque generalmente confiamos en que la evidencia presentada determinó la culpabilidad o inocencia del acusado. Sin embargo, cuando Jesús el Juez presida el tribunal de Cristo, usará un enfoque más completo.

La Biblia dice que el Juez recompensará a los creyentes "según lo bueno o lo malo que haya hecho mientras estaba en el cuerpo" (2 Corintios 5:10). ¿Qué "hechos" evaluará el Juez?

Pues bien, dado que el tribunal de Cristo no trata sobre nuestra salvación sino sobre nuestra mayordomía, Jesús juzgará qué tan bien administramos los dones, talentos, oportunidades y responsabilidades que Él nos confió. En concreto, juzgará tres áreas generales en la vida de cada creyente.

En primer lugar, *Jesús el Juez juzgará nuestras acciones*. El rey David, hablando de Dios, dijo: *Tú das a cada uno lo que* merecen sus obras (Salmos 62:12). Jesús repitió esas palabras en Mateo 16:27 cuando dijo: *Porque el Hijo del Hombre vendrá en la gloria de su Padre con sus ángeles, y entonces pagará a cada uno* conforme a sus obras.

Pablo dijo: *Sabiendo que cada uno de nosotros, sea siervo o libre, recibirá del Señor* según lo que haya hecho (Efesios 6:8). Piensa en las cosas que hiciste esta semana o incluso este día. ¿Cómo te sientes al respecto si piensas en la evaluación futura que Cristo hará al revisarlas? Aprender a pensar de esta manera nos convierte en mejores personas, ¿no crees?

En segundo lugar, *Jesús el Juez juzgará nuestras palabras*. Según Santiago 3:5-6, una palabra fuera de lugar puede herir a alguien emocional y espiritualmente tan rápido y de forma tan devastadora como un incendio forestal. Santiago también llamó a la lengua "un mal indómito, que rebosa de veneno mortal" (v. 8). Cada sílaba que sale de nuestra boca, desde el primer "mamá" o "papá" hasta la última palabra que pronunciamos en esta tierra, estará bajo el juicio de Jesús el Juez. Jesús lo dejó claro cuando dijo: *Pero yo les digo que, en el día del juicio, cada uno de ustedes dará cuenta de cada palabra ociosa que haya pronunciado. Porque por tus palabras serás reivindicado, y por tus palabras serás condenado* (Mateo 12:36-37). Vale la pena recordar que estas palabras dañinas incluyen las que publicamos en redes sociales.

En tercer lugar, *Jesús el Juez juzgará nuestros pensamientos.* Nuestras acciones y palabras son fáciles de notar para otros, ya que pueden observarse y oírse; pero solemos guardarnos nuestros pensamientos, secretos para todos excepto para Dios, quien dijo: *Lo conozco yo, el Señor, que escudriño la mente y pongo a prueba el corazón; que pago a cada uno según su conducta y según el resultado de sus obras* (Jeremías 17:10). Cuando Jesús se le apareció al apóstol Juan en la isla de Patmos, dijo: *Yo soy el que escudriña la mente y el corazón; y a cada uno de ustedes le daré según lo que haya hecho* (Apocalipsis 2:23).

No te equivoques, Jesús el Juez "sacará a la luz lo que esté escondido y pondrá al descubierto las intenciones de los corazones" (1 Corintios 4:5) cuando cada uno de nosotros comparezca ante el *bema.*

Acciones. Palabras. Pensamientos. Eso es lo *que* el Juez juzgará en el tribunal de Cristo. Pero el criterio de su juicio hacia los cristianos (el *cómo*) será si nuestras acciones, palabras y pensamientos son dignos o indignos de recompensas divinas, lo que Pablo llamó "lo bueno o lo malo" (2 Corintios 5:10). La palabra griega que se traduce como "malo" (*phaulos*) en este versículo significa literalmente "sin valor". Tiene la idea de algo barato, inútil y vacío. Imagina a un joyero de la Quinta Avenida que recibe una caja de joyas de una herencia. Su ojo experto detectará al instante las piedras falsas de los diamantes y rubíes genuinos. Las primeras irán a la basura, mientras que las segundas se convertirán en piezas destacadas de exhibición. Es importante saber distinguir entre lo valioso y lo inútil en nuestras vidas, y algún día daremos cuenta de cómo lo hicimos.

Pablo escribió en 1 Corintios:

Porque nadie puede poner otro fundamento que el que está puesto, el cual es Jesucristo. Y si alguno edifica sobre este fundamento, y pone oro, plata, piedras preciosas, madera, heno, u hojarasca, su obra podrá verse claramente; el día la pondrá al descubierto, y la obra de cada uno, sea la que sea, será revelada y probada por el fuego. Si lo que alguno sobreedificó permanece, ése recibirá su recompensa. Si lo que alguno sobreedificó se quema, ése sufrirá una pérdida, si bien él mismo se salvará, aunque como quien escapa del fuego. (3:11-15)

Cada creyente está edificando una vida sobre el fundamento de Cristo. En el proceso de construir nuestras vidas, tú y yo tenemos una elección respecto a los materiales que usamos. Podemos edificar nuestras vidas con "oro, plata y piedras preciosas" viviendo en obediencia a Dios y con el poder del Espíritu Santo. Una vida así da honra a Cristo y está centrada en los demás. Por otro lado, podemos construir nuestras vidas con "madera, heno y hojarasca" viviendo en desobediencia a Dios y bajo la influencia del espíritu del mundo. Este tipo de vida niega a Cristo y está centrado en uno mismo.

Todos los creyentes tienen fardos de heno repartidos por su corazón. Estos serán reducidos a un montón de cenizas en aquel día. Pero también todos los creyentes tienen oro, plata y piedras preciosas escondidos en sus vidas, y eso será recompensado.

Cuando Jesús termine de evaluar a los creyentes, distribuirá recompensas. A veces la Biblia se refiere a estas recompensas como "coronas". Hay diferentes tipos de coronas, las cuales mencionaré al final del capítulo. Una vida semejante a la de Cristo nos traerá recompensas celestiales y un gozo abrumador.[3]

Dos veces en su primera carta el apóstol Juan nos animó a ser como Jesús. Primero dijo: *El que dice que permanece en él, debe andar como él anduvo* (2:6). Y luego añadió: *Pues como él es, así somos nosotros en este mundo* (4:17).

Esa es realmente la esencia del tribunal de Cristo. El Señor discernirá nuestras acciones, palabras y pensamientos para ver si crecimos en semejanza a Cristo durante nuestro camino por la vida.

EL JUICIO DE LOS MÁRTIRES DE LA TRIBULACIÓN

El segundo juicio en el que Jesús actuará como Juez tiene que ver con los mártires de la tribulación. Como mencioné en el capítulo 6, el periodo de setenta y cinco días entre el fin de la tribulación y el comienzo del reino milenial será un tiempo de juicio, en el que Jesús el Juez recompensará a los creyentes que se negaron a recibir la marca de la bestia o a inclinarse ante su ídolo durante la tribulación. Lleno de ira, el anticristo matará a muchos de estos creyentes haciéndolos decapitar.

Juan registró sus súplicas por vindicación: *Debajo del altar vi a las almas de los que habían muerto por causa de la palabra de Dios y de su testimonio. A gran voz decían: "Señor santo y verdadero, ¿hasta cuándo seguirás sin juzgar a los habitantes de la tierra y sin vengar nuestra sangre?"* (Apocalipsis 6:9-10).

Su justificación llegará cuando Jesús el Vencedor regrese a la tierra, destruya el ejército del anticristo y arroje al anticristo y al falso profeta al lago de fuego (Apocalipsis 19:20). El Señor recompensará a estos mártires de la tribulación durante el interludio previo al reino milenial, cuando resuciten y comparezcan ante el Juez. Esto fue lo que Juan observó: *Vi entonces unos tronos, y sobre ellos estaban sentados los que recibieron la autoridad para juzgar. También vi las almas de los que fueron decapitados por causa del testimonio de Jesús y por la palabra de Dios. Ellos son los que nunca adoraron a la bestia ni a su imagen, ni aceptaron jamás llevar su marca en la frente ni en las manos; y éstos volvieron a vivir y reinaron con Cristo durante mil años* (20:4).

Por su fidelidad inquebrantable al Cordero en medio del sufrimiento y la persecución, estos mártires de la tribulación recibirán su recompensa completa. Servirán como "sacerdotes de Dios y de Cristo, y reinarán con él durante mil años" (v. 6), junto con los apóstoles, quienes juzgarán a las tribus de Israel (Mateo 19:28; Lucas 22:29-30), y otros santos que servirán en la administración del Rey (2 Timoteo 2:12).

Jesús el Juez recompensará a su pueblo fiel. Debemos tener cuidado de no pensar en el juicio del Señor solo en términos negativos. Sí, castigará el mal, pero también se asegurará de que su pueblo fiel esté eternamente seguro en el gozo de su Señor.

EL JUICIO DE ISRAEL

Cuando termine el juicio de los mártires de la tribulación, se avecina otro: el juicio de Israel. Durante los siete años de tribulación, el anticristo perseguirá y matará a muchas personas que se acerquen a Cristo, tanto judíos como gentiles; pero como sus actividades principales estarán centradas en la tierra de Israel, muchos judíos que vivan allí huirán (Mateo 24:15-22). Al final de la tribulación, los judíos que sobrevivan serán reunidos en la tierra y enfrentarán juicio durante el interludio de setenta y cinco días entre la tribulación y el reino milenial.

Esto fue anticipado por los profetas. Isaías, al hablar del Mesías venidero, escribió: *Levantará un estandarte contra las naciones, y de los cuatro confines de la tierra juntará a los desterrados de Israel y a los esparcidos de Judá* (Isaías 11:12). Jeremías profetizó: *Por lo tanto, vienen días en que no volverá a decirse: "Viva el Señor, que sacó de la tierra de Egipto a los hijos de Israel", sino que se dirá: "Viva el Señor, que sacó de la tierra del norte a los descendientes de la casa de Israel, y los trajo de todos los países por donde los había dispersado, para que habiten en su propia tierra"* (Jeremías 23:7-8).[4]

Cuando estos judíos sean reunidos en Israel, cada uno comparecerá ante Jesús el Juez. Él separará a los justos (los que aceptan a Jesús como el Mesías por la fe) de los injustos (los que lo rechazan por incredulidad). El profeta del Antiguo Testamento, Ezequiel, explicó cómo se llevará a cabo:

> *Pero yo, su Señor y Dios, les juro que reinaré sobre ustedes con mano fuerte y brazo extendido, y que daré rienda suelta a mi enojo y los sacaré de los pueblos y países donde ahora están esparcidos. Sí, los reuniré con mano fuerte y brazo extendido, y dando rienda suelta a mi enojo. Haré que vengan al desierto de los pueblos, y allí los juzgaré cara a cara…Para que ustedes puedan hacer un pacto conmigo, los haré pasar por debajo de mi vara, para apartar de entre ustedes a los que se rebelaron contra mí. Los sacaré de la tierra a la que emigraron, aunque no podrán entrar en la tierra de Israel. Así sabrán que yo soy el Señor.*
>
> (Ezequiel 20:33-35, 37-38)

Pablo llamó a esta purificación de los impíos de entre los judíos fieles "apartará de Jacob la impiedad" (Romanos 11:26).

Solo los salvos de Israel entrarán en el reino milenial, tal como lo profetizó Jeremías: *Durante su reinado, Judá estará a salvo, e Israel podrá vivir confiado. Y ese rey será conocido por este nombre: "El Señor es nuestra justicia"* (Jeremías 23:6).

Como se explicó en el capítulo anterior, cuando estos judíos creyentes que sobrevivan a la tribulación entren en el reino milenial, lo harán en sus cuerpos mortales (Apocalipsis 20:4). Vivirán con sus tribus ancestrales dentro de la tierra que se les asignará según Ezequiel 48:1-28.

Es importante que recordemos que el Juez de toda la tierra hará lo correcto (Génesis 18:25). Nuestro Señor juzga el mal, y eso es algo bueno. No debemos tener temor de su papel de Juez, pero sí deberíamos sentirnos motivados a eliminar de nuestras vidas aquello que le desagrada.

EL JUICIO DE LOS GENTILES

Al igual que el juicio de Israel, el juicio de los gentiles que sobrevivan a la tribulación tendrá lugar en el periodo intermedio entre la tribulación y el reino milenial. También será como el juicio de los israelitas en que separará a los justos de los impíos, determinando quiénes entrarán al reino milenial. Al igual que sus contrapartes judías, los creyentes gentiles que sobrevivan a la tribulación y entren en el reino milenial lo harán en sus cuerpos mortales y estarán sujetos a la muerte, siendo resucitados al final del milenio (Apocalipsis 20:4). Los detalles del juicio de los gentiles se encuentran en Mateo 25:31-46.[5]

Este juicio tendrá lugar después de la segunda venida de Jesús el Vencedor y la destrucción de los ejércitos malvados del anticristo, tal como Él lo dijo: *Cuando el Hijo del Hombre venga en su gloria, y todos los santos ángeles con él, se sentará en su trono de gloria, y todas las naciones serán reunidas ante él. Entonces él apartará a los unos de los otros, como aparta el pastor a las ovejas de los cabritos. Pondrá las ovejas a su derecha, y los cabritos a su izquierda* (vv. 31-33).

La palabra griega traducida como "naciones" (*ethne*) en la Escritura se refiere a los gentiles. La naturaleza colectiva de la palabra ha llevado a algunos intérpretes a ver esto como un juicio sobre naciones compuestas principalmente por no judíos, como Estados Unidos, Francia o Alemania, considerándolas justas o impías. Pero ese no es el caso. *Ethne* aquí se refiere a gentiles individuales que provienen de todas las naciones del mundo.[6]

El profeta Joel anunció este juicio más de 850 años antes de la profecía de Jesús; pero, a diferencia de Jesús, Joel nos dijo dónde se llevará a cabo este juicio: *Entonces reuniré a todas las naciones, y las llevaré al valle de Josafat, y allí entraré en juicio con ellas, porque ellas esparcieron entre las naciones a mi pueblo Israel, y repartieron mi propia tierra* (Joel 3:2). La base de este juicio, según Joel, implica cómo los gentiles trataron a los judíos.

En Mateo 25:34-46 Jesús explicó los detalles de cómo juzgará a los gentiles individuales que hayan sobrevivido a la tribulación. Durante la tribulación, las personas en la tierra solo podrán comprar o vender si han recibido la marca de la bestia (Apocalipsis 13:16-17). Los creyentes gentiles se negarán a hacerlo porque recibir la marca de la bestia implica adorar a la bestia (el anticristo) y a su imagen (vv. 12, 15). Estos creyentes gentiles tendrán la oportunidad de poner su fe en acción ayudando a otros que también rechacen la marca de la bestia y que, por lo tanto, serán marginados y empobrecidos.

El Juez mencionó seis cosas que estos creyentes gentiles justos, "las ovejas a su derecha" (Mateo 25:33), harán por aquellos a quienes Jesús llamó "mis hermanos más pequeños", lo cual Él equiparó con hacerlo por Él (v. 40). Los justos:

- Alimentarán al hambriento (v. 35).
- Darán agua al sediento (v. 35).
- Recibirán al extranjero (v. 35).
- Vestirán al desnudo (v. 36).
- Cuidarán a los enfermos (v. 36).
- Visitarán a los presos (v. 36).

Según Jesús, su recompensa será maravillosa: *Vengan, benditos de mi Padre, y hereden el reino preparado para ustedes desde la fundación del mundo* (v. 34).

Pero "los cabritos a la izquierda" (v. 33) son los gentiles incrédulos, que no alimentaron al hambriento ni dieron agua al sediento, ni vistieron al desnudo, ni recibieron al extranjero, ni cuidaron al enfermo, ni visitaron al preso (vv. 42-43). Como resultado, Jesús el Juez les dirá a estos gentiles incrédulos: *De cierto les digo que todo lo que no hicieron por uno de estos más pequeños, tampoco por mí lo hicieron* (v. 45). Su juicio será terrible: *¡Apártense de mí, malditos! ¡Vayan al fuego eterno, preparado para el diablo y sus ángeles!* (v. 41).[7]

Hay una última pregunta que debemos abordar. En Mateo 25:40 Jesús dijo sobre las buenas obras mencionadas: *De cierto les digo que todo lo que hicieron por uno de mis hermanos más pequeños, por mí lo hicieron.* ¿Quiénes son los "hermanos más pequeños" de Jesús? ¿De quién está hablando el Señor?

Joel 3:2 nos da una pista: *Y allí entraré en juicio con ellas, porque ellas esparcieron entre las naciones a mi pueblo Israel, y repartieron mi propia tierra.* En otras palabras, son judíos. Pero creo que se trata de un grupo específico de judíos. Comparando lo que hacen los gentiles creyentes ("las ovejas a su derecha") y lo que no hacen los gentiles incrédulos ("los cabritos a la izquierda") durante la tribulación, pienso que los "hermanos más pequeños" mencionados en Mateo 25:40 son, muy probablemente, los 144 000 judíos de Apocalipsis 7 que dan testimonio de Jesús como el Mesías.

El teólogo J. Dwight Pentecost coincide:

> Estas personas [los 144 000 judíos] estarán bajo sentencia de muerte por parte de la bestia. Rechazarán la marca de la bestia y, por lo tanto, no podrán comprar ni vender. En consecuencia, tendrán que depender de aquellos a quienes ministran para obtener hospitalidad, comida y apoyo. Solo aquellos que reciban el mensaje pondrán en riesgo sus vidas mostrando hospitalidad a los mensajeros. Por lo tanto, lo que se haga por ellos será una evidencia de la fe en Cristo, es decir, lo que se haga por ellos será como hacerlo por Cristo. Estos no serán aceptados por sus obras, ya que ningún hombre es salvo por obras, pero sus obras demostrarán su fe en la persona de Cristo, lo que los hace aceptables ante Él.[8]

Aunque tú y yo aún no estamos en la tribulación del tiempo del fin, esto nos recuerda que representamos a Cristo en un mundo necesitado aquí y ahora. Aunque las palabras de nuestro Señor en Mateo 25 se refieren específicamente a la tribulación, el principio de extender el amor de Cristo ayudando a otros es algo que podemos y debemos comenzar a practicar ya. A lo largo de la Biblia se nos exhorta a tener compasión, a cuidar y a suplir las necesidades de quienes nos rodean. Eso será especialmente importante para quienes lleguen a Cristo durante la tribulación, pero también lo es para ti y para mí hoy.

EL JUICIO DEL GRAN TRONO BLANCO

Ahora viene el clímax del papel de Jesús como juez: el juicio final de los incrédulos, el juicio del gran trono blanco de Apocalipsis 20:11-15. Esto ocurrirá en la segunda resurrección.

La "primera resurrección" (v. 5) es una frase que abarca:

- la resurrección de Jesús,[9]
- la resurrección de los cristianos ("los muertos en Cristo") en el arrebatamiento (1 Tesalonicenses 4:16),
- la resurrección de los mártires de la tribulación al final de la tribulación (Apocalipsis 20:4), y
- la resurrección de los creyentes que entraron en el reino milenial con cuerpos mortales y murieron en algún momento durante esos mil años, al final del reino milenial (vv. 5-6).

Después, Juan describió lo que se conoce como la segunda resurrección: la resurrección de los incrédulos de todos los tiempos. Escribió: *Vi entonces de pie, ante Dios, a los muertos, grandes y pequeños… El mar entregó los muertos que yacían en él; también la muerte y el Hades entregaron los muertos que yacían con ellos, y cada uno fue juzgado conforme a sus obras* (vv. 12-13).

Como Dios "no hace acepción de personas" (Hechos 10:34, RVR-60), todo incrédulo que rechazó el regalo de salvación ofrecido por el Mesías se presentará ante Jesús el Juez, sin importar si fue "grande o pequeño". El estrado del Juez es descrito como "un gran trono blanco", y el que se sienta en él no es otro que el propio Jesús (Apocalipsis 20:11).

Con todos los incrédulos del mundo reunidos ante el trono del Juez, el Señor Jesús abrirá dos libros (v. 12). Uno contiene los nombres de todos los que han aceptado a Jesús como Salvador y Señor, desde Adán hasta el presente: este es el "libro de la vida" (vv. 12, 15). El otro contiene los nombres de todos los que han rechazado a Jesús como Salvador y Señor, desde el principio del tiempo hasta el presente. Como un libro de contabilidad, este segundo libro registra las obras (cada palabra, acción y pensamiento) de los incrédulos. Se le llama el "libro de la muerte" porque los incrédulos cuyos nombres están escritos en él experimentarán lo que Juan llamó "la segunda muerte" (vv. 6, 14): el castigo eterno en el infierno.

Cuando Jesús el Juez no encuentre los nombres de estos incrédulos registrados en el libro de la vida, consultará el libro de la muerte. Al encontrarlos allí, dictará sentencia basándose en sus obras terrenales, las cuales serán insuficientes, y los condenará justamente al lago de fuego. Como escribió David en el Salmo 14:3: *No hay nadie que haga el bien; ¡ni siquiera hay uno solo!*[10] Pero, incluso si intentan defenderse alegando que algunas de sus obras fueron buenas, el Juez los condenará por no haber alcanzado el estándar santo de Dios, el cual declara que "todos nuestros actos de justicia son como un trapo lleno de inmundicia" (Isaías 64:6).

Así estarán estos incrédulos, condenados por su propia incredulidad y sus malas obras, justamente juzgados por el Juez justo.[11] Entonces vendrá su castigo: "Luego la muerte y el Hades fueron lanzados al lago de fuego. Ésta es la muerte segunda. Todos los que no tenían su nombre registrado en el libro de la vida fueron lanzados al lago de fuego" (Apocalipsis 20:14-15).[12]

He escrito en otros lugares con más detalle sobre cómo será el infierno,[13] pero aquí presento algunas descripciones breves que espero sean de convicción para quien aún no ha puesto su fe en Cristo. El infierno será un lugar de condenación, remordimiento, culpa y vergüenza por cada palabra y acción descuidada (Mateo 12:36), un lugar de "llanto y rechinar de dientes" (13:42), un lugar de "castigo eterno" (25:46), un lugar de "sufrimiento y angustia" para todo el que lo habite (Romanos 2:9), y un lugar de "destrucción eterna" o separación eterna de Dios (2 Tesalonicenses 1:9).

TU DÍA DEL JUICIO SE ACERCA

Algunos de mis días más tristes como pastor son cuando me piden que celebre un funeral para un incrédulo, ya que no puedo consolar a la familia con la esperanza de que volverán a ver a su ser querido en el cielo. Por otro lado —y no me malinterpretes— algunos de mis días más felices como pastor son cuando me piden que celebre un funeral para un creyente. Durante esos funerales tengo mucho que decir que ofrece consuelo y esperanza para el futuro.

Los funerales de cristianos están llenos de esperanza porque la Biblia nos asegura que nuestros seres queridos fallecidos que confiaron en Jesús como Salvador no solo están en la presencia del Señor, sino que también han terminado la carrera. Recibirán una recompensa en ese día glorioso cuando Jesús reúna a su

Iglesia en el juicio del *bema*. Recuerda que ese es el tribunal de Cristo, donde Jesús entregará recompensas a sus hijos fieles.

Como dije antes, la Biblia a veces describe estas recompensas como "coronas", y los estudiantes de la Biblia a lo largo de los siglos han identificado cinco específicas en la Palabra de Dios:

1. Una *corona incorruptible* para quienes llevan una vida disciplinada en el Señor (1 Corintios 9:25)
2. Una *corona de gozo* para quienes evangelizan y discipulan a otros (1 Tesalonicenses 2:19)
3. Una *corona de justicia* para quienes anhelan la venida del Señor (2 Timoteo 4:8)
4. Una *corona de vida* para quienes soportan pruebas y persecuciones (Santiago 1:12; Apocalipsis 2:10)
5. Una *corona de gloria* para quienes pastorean fielmente al pueblo de Dios (1 Pedro 5:1-4)

Así como los atletas olímpicos se comprometen con su deporte y se disciplinan con la esperanza de algún día subir al podio y recibir una medalla, los seguidores fieles de Jesús se comprometen con Él y se disciplinan para buscarlo con todo su corazón, con toda su alma, con toda su mente y con todas sus fuerzas, con la esperanza de un día recibir una recompensa de su parte (Apocalipsis 22:12).

Durante muchos años, uno de los jueces más populares de los Estados Unidos fue Frank Caprio, quien fue juez principal del Tribunal Municipal de Providence, Rhode Island. Sus fallos se transmitían en el programa *Caught in Providence*, y los videos de su sala de audiencias han acumulado millones de visitas.

Caprio mostraba compasión hacia quienes comparecían ante él. Hablaba con los acusados e intentaba entender su situación. Si lo consideraba adecuado, a veces emitía un veredicto poco común diseñado para ayudar al acusado a mejorar. La razón se remonta al primer día de Caprio en el estrado. Una mujer compareció ante él acusada de deber 300 dólares en multas de estacionamiento. Ella dijo que era demasiado pobre para pagar, y cuando Caprio le ofreció un plan de pagos, ella dijo que tampoco podía pagarlo. Emitió un fallo severo y ordenó que su auto fuera confiscado.

Después, Caprio le preguntó a su papá, quien estaba como invitado en la sala, qué opinaba. Su papá le dijo: "Frank, esa mujer... la multaste. Estaba asustada. Deberías haber hablado con ella. Deberías haber entendido sus problemas. No puedes tratar así a las personas, Frank". Desde ese momento, Caprio trató a todos con respeto. Pero aun así, él decía: "Mi función principal es hacer justicia".[14]

El Señor Jesucristo nos entiende a ti y a mí mejor de lo que nosotros mismos nos entendemos. Él sabe por qué hacemos lo que hacemos, y se ofreció a sí mismo en nuestro lugar. Aunque era sin pecado, aceptó el veredicto por nuestros pecados cuando murió en la cruz. Su compasión no tiene fin, y ama a cada persona en la tierra.

Pero Jesús también tiene la responsabilidad de hacer justicia. El mal no triunfará, ni en el corazón humano ni en esta tierra. Cuando estamos cubiertos por la sangre de Jesús el Cordero, no temblamos de miedo ante Jesús el Juez. Pero sí recordamos su justicia, porque nos motiva a vivir en rectitud, esforzándonos por mantener una vida disciplinada, buscando evangelizar y discipular a otros, esperando con anhelo su regreso, soportando pruebas y sufrimientos, y cuidando de su pueblo. ¡Qué maravilloso será entrar en la eternidad como alguien que sirvió fielmente al Señor!

Nuestros esfuerzos y luchas habrán valido la pena en ese día cuando estemos delante de Jesús y lo escuchemos decir: *Bien, buen siervo y fiel; sobre poco has sido fiel, sobre mucho te pondré. Entra en el gozo de tu señor* (Mateo 25:21).

Un autor de himnos, el británico John Needham, anticipó ese día cuando escribió estas palabras en *Behold He Comes—The Judge Appears* (He aquí Él viene: El Juez aparece):

Entonces, lleno de gozo escucharé
al Juez proclamarme bendecido;
y compartiré el reino preparado,
ese dulce y eterno descanso.[15]

Tu día del juicio se acerca. ¿Son las decisiones que estás tomando hoy consistentes con lo que quisieras oír cuando estés delante de Jesús el Juez?

8

JESÚS EL SEÑOR

Mientras escribía este libro, apareció un artículo en VoxEurop, un importante medio europeo, con el siguiente titular: "Para mantener el futuro de Europa en nuestras manos, necesitamos una revolución de esperanza". El artículo decía que durante la década de 2020, Europa ha sido sacudida por crisis, guerras y desafíos, y la sociedad europea ahora está dividida y temerosa. El COVID-19 traumatizó al continente, al igual que la invasión de Ucrania por parte de Rusia. Las economías de varias naciones están al borde del colapso debido a la inflación y el desempleo. Los sentimientos predominantes de la mayoría de las personas son incertidumbre, frustración, impotencia, ira y miedo. El artículo terminaba con estas palabras: "Necesitamos moldear el debate político en torno a las prioridades de los jóvenes para reconstruir la confianza y hacer que sus prioridades para el futuro de Europa sean centrales… reemplazando la agenda del miedo y la división por su 'Agenda de Esperanza'".[1]

Estoy de acuerdo en que el mundo necesita una "revolución de esperanza", pero no va a llegar a través de elecciones, agendas, energías verdes, ni políticas del gobierno. La única y verdadera "Agenda de Esperanza", la emocionante expectativa de un futuro seguro y maravilloso, llega cuando hacemos de Jesucristo el Señor de nuestras vidas. La Biblia nos dice: *Gocémonos en la esperanza* (Romanos 12:12), y que pongamos la mente en "la esperanza que en los cielos les está reservada" (Colosenses 1:5).

En este capítulo veremos nuestra maravillosa esperanza y a nuestro incomparable dador de esperanza: Jesús el Señor, quien está preparando un lugar para nosotros en el cielo (Juan 14:2). El estado eterno (nuestra vida eterna después de la tribulación, el milenio y los juicios) es ese periodo glorioso cuando el señorío de Cristo será indiscutido e ininterrumpido para siempre.

La palabra traducida como "Señor" es la palabra griega *kurios,* que era un título para el Dios Todopoderoso en el Antiguo Testamento. Los escritores del Nuevo Testamento le atribuyeron esa palabra a Jesús, reconociendo que Él mismo es Dios, y significa Aquel que posee autoridad absoluta. Cuando hablamos del señorío de Cristo en nuestras vidas, queremos decir que hemos rendido cada parte de nuestra vida a Él, permitiéndole gobernar y reinar en nuestros corazones y hábitos. Cuando Jesús reina, su gloria brilla en nosotros, así que nuestras vidas se iluminan con esperanza.

En Romanos 8:24 Pablo señaló que la esperanza es la expectativa presente de una certeza futura: *Pero la esperanza que se ve, ya no es esperanza, porque ¿quién espera lo que ya está viendo?* Una actitud de esperanza mira hacia una realidad declarada, una que aún no está presente.

Ahora mismo, tú y yo podemos tener esperanza porque estamos esperando una certeza futura que es eterna, gloriosa, asombrosa y llena de comunión con la Trinidad, los ángeles, y los redimidos de todas las épocas. Solo Jesús el Señor puede proporcionar esta certeza futura porque Él es "el Alfa y la Omega, el principio y el fin" (Apocalipsis 21:6).

Es importante que recordemos que Jesús no se *convierte* en Señor cuando reconocemos personalmente su señorío en nuestras vidas, porque siempre ha sido y siempre será Señor. En este capítulo, vamos a ver su señorío futuro en el hogar eterno que está preparando para nosotros, pero sabemos que Jesús es el Señor "ayer, hoy y por los siglos" (Hebreos 13:8). Podemos tener esperanza para el mañana al reconocer su señorío sobre nuestras vidas hoy.

Jesucristo es Señor y Dios (Juan 20:28), por eso solo Él puede declarar: *¡Yo hago nuevas todas las cosas!* (Apocalipsis 21:5). Esta nueva creación es fundamental para nuestra salvación. Como escribió Pablo en 2 Corintios 5:17: *De modo que si alguno está en Cristo, ya es una nueva creación; atrás ha quedado lo viejo: ¡ahora ya todo es nuevo!*[2]

Cuando el Señor haga nuevas todas las cosas, incluyendo un nuevo cielo y tierra, una Nueva Jerusalén, un cuerpo nuevo y glorificado para cada uno de nosotros, y una nueva relación con Él, tendremos algo que nunca hemos experimentado por completo: a Jesucristo sentado como el Señor indiscutido de nuestras vidas, sin mundo, carne ni diablo que nos estorben.

EL NUEVO CIELO Y LA NUEVA TIERRA

Muchas personas hoy creen que el cielo será un lugar aburrido sin fiestas, alcohol, drogas, sexo ni diversión. Algunos están preocupados de que sus amigos o mascotas no estarán allí, y otros simplemente no creen en una realidad futura después de esta vida. Recientemente leí que Arnold Schwarzenegger se burló de la idea del cielo, llamándola una fantasía y afirmando que, cuando estamos muertos, simplemente estamos a dos metros bajo tierra y no hay nada más.[3]

Una razón para esta actitud es la ignorancia sobre lo que dice la Biblia. Cuando usamos la palabra *cielo* para referirnos a nuestro hogar eterno, en realidad estamos describiendo "el nuevo cielo y la nueva tierra" de Apocalipsis 21 y 22.

Según 2 Pedro 3, al término del reino milenial Jesús el Señor pondrá fin al universo físico actual. Pedro escribió: *Pero esa misma palabra ha reservado los cielos y la tierra que ahora existen; los ha guardado para el fuego en el día del juicio...Ese día los cielos desaparecerán en medio de un gran estruendo, y los elementos arderán y serán reducidos a cenizas, y la tierra y todo lo que en ella se ha hecho será quemado. Puesto que todo será deshecho...* (vv. 7, 10-11). Entonces Pedro añadió: *Pero, según sus promesas, nosotros esperamos un cielo nuevo y una tierra nueva, donde reinará la justicia* (v. 13).

La tierra tal como la conocemos ahora está bajo una maldición divina como resultado del pecado de Adán (Génesis 3:17-18). Gran parte de esta maldición será mitigada durante el reino milenial, cuando Jesús el Rey reine en la tierra durante mil años, pero aún no se levantará por completo. La creación seguirá bajo vanidad, esclavitud y corrupción (Romanos 8:20-22) hasta que Jesús el Señor haga nuevas todas las cosas, incluyendo un nuevo cielo y una nueva tierra. Juan observó: "Vi entonces un cielo nuevo y una tierra nueva, porque el primer cielo y la primera tierra habían dejado de existir, y el mar tampoco existía ya" (Apocalipsis 21:1).[4]

En la nueva tierra, todas las cicatrices del pecado desaparecerán para siempre. La tierra ya no producirá espinos ni cardos. Ya no habrá terremotos, huracanes ni tornados que devasten comunidades. Ya no tendremos que luchar contra cucarachas y mosquitos, hormigas de fuego ni termitas. El Señor lo dejó claro: Él hará nuevas todas las cosas. ¡Y qué regocijo tendremos en ese día!

Recuerda que el Señor Jesús fue el agente de la creación de nuestro universo actual. Colosenses 1:16 dice: *En él fue creado todo lo que hay en los cielos y en la tierra, todo lo visible y lo invisible*. Y Juan 1:3 dice acerca de Jesús: *Todas las cosas por él fueron hechas, y sin él nada de lo que ha sido hecho, fue hecho* (RVR-60).

Así como Jesús el Señor creó el primer universo, también creará un nuevo universo: más grande, más brillante, más feliz, más fuerte, sin problemas, y eterno. Esto puede ser una idea nueva para ti, ya que muchas personas piensan en el cielo como un lugar vaporoso en las nubes donde flotaremos con arpas; sin embargo, esa imagen proviene de artistas y películas, no de la Escritura. Mi mentor y predecesor en First Baptist Dallas, el Dr. W. A. Criswell, describió el cielo así:

> Cuando la Biblia dice que habrá un cielo nuevo, se refiere, sin duda, al cielo inmediatamente sobre nosotros, el cielo de la atmósfera... Yo creo que el cielo nuevo también incluye el cielo de los astros... Habrá un mundo

> nuevo y restaurado. Será un paraíso recuperado, un Edén restaurado, y toda la hermosa creación de Dios será rehecha y reconstruida... Y Juan vio una ciudad capital hecha por la gloriosa obra de nuestro Señor infinito. En la nueva creación, Dios construirá una ciudad celestial como centro del gobierno de Dios, del pueblo de Dios, y del lugar de morada de Dios. ¡Oh, cuán estupendas maravillas propone Dios para su pueblo![5]

En otras palabras, en el cielo te sentirás como en casa. La nueva tierra tendrá una familiaridad que te hará sentir a gusto, porque será como nuestra antigua tierra pero nueva, mejor, fresca, y sin pecado. Será un lugar físico habitado por personas, muchas de las cuales ya conoceremos íntimamente. En la nueva tierra haremos muchas de las cosas que hacemos ahora, como adorar y trabajar, solo que lo haremos de manera perfecta y con alegría.[6]

En el cielo nuevo y la tierra nueva tendremos cuerpos como el cuerpo resucitado de nuestro Señor, glorificados y nuevos, como Pablo insinuó en 2 Corintios 5:17, perfectamente hechos para adaptarse a nuestra existencia celestial en la nueva tierra. El cuerpo resucitado de nuestro Señor es el modelo de nuestros propios cuerpos resucitados: sin pecado, incorruptibles, e incapaces de envejecer o enfermar.

Un dato interesante sobre el cielo nuevo y la tierra nueva es la fuente de su brillante luz, que irradiará de Jesús. Apocalipsis 21:23 dice: *La ilumina la gloria de Dios la ilumina y el Cordero es su lumbrera.* ¿Recuerdas cómo el rostro de Jesús resplandeció como el sol en el monte de la transfiguración en Mateo 17:2? ¿O cómo el brillo de la imagen de Jesús cegó a Saulo de Tarso en el camino de Damasco en Hechos 9:3? En la eternidad, Jesús mismo, quien es la fuente de poder para nuestras vidas aquí en la tierra, llenará el mundo con la gloriosa luz que lo envuelve.

El cielo nuevo y la tierra nueva permanecerán en luz perpetua, porque "allí no existirá la noche" (Apocalipsis 22:5, NTV). Como profetizó Isaías: *El sol no volverá a ser tu luz durante el día, ni te alumbrará más el resplandor de la luna, porque el Señor será para ti una luz perdurable; tu Dios será tu gloria* (Isaías 60:19).

El cielo nuevo y la tierra nueva también serán un lugar donde el sufrimiento y el dolor habrán desaparecido. Juan escribió: *Entonces oí que desde el trono salía una potente voz, la cual decía: "Aquí está el tabernáculo de Dios con los hombres. Él vivirá con ellos, y ellos serán su pueblo, y Dios mismo estará con ellos y será su Dios. Dios enjugará las lágrimas de los ojos de ellos, y ya no habrá muerte, ni más llanto, ni lamento ni dolor; porque las primeras cosas habrán dejado de existir"* (Apocalipsis 21:3-4).

Ahora, tenemos a Jesús para consolarnos en nuestros momentos de dolor y tristeza. En el cielo nuevo y la tierra nueva seguiremos teniendo a Jesús, y su presencia será un consuelo inconmensurable. ¡Pero ya no habrá más dolor, ni más enfermedades, ni más noche!

Tendremos muchas cosas que hacer en el cielo nuevo y la tierra nueva; tantas, que nunca nos aburriremos. Tendremos tareas, proyectos, trabajo y adoración, pero sin ninguno de los aspectos negativos de esas cosas que experimentamos hoy. Nuestro Señor Jesucristo tiene el poder para hacerlo, y *lo hará*.

El cielo nuevo y la tierra nueva serán familiares y, al mismo tiempo, como nada que hayamos experimentado antes. Yo estoy listo para ese día… ¿y tú?

LA NUEVA JERUSALÉN

Cuando hablamos del nuevo cielo y la nueva tierra, literalmente estamos hablando del cielo en la tierra, o lo que los teólogos llaman el estado eterno. Cuando el Señor habló acerca del cielo, tenía en mente una ciudad: la capital de la nueva tierra. Por lo tanto, cuando Jesús les dijo a los discípulos: *Voy a preparar lugar para ustedes* (Juan 14:2), quiso decir que dejaría esta tierra actual para construir una ciudad celestial donde vivirán sus seguidores.[7]

Esta es la misma ciudad a la que Abraham anhelaba entrar: *Porque esperaba llegar a la ciudad que tiene fundamentos, cuyo arquitecto y constructor es Dios* (Hebreos 11:10). La Biblia dice que los santos de todas las épocas "anhelaban una patria mejor, es decir, la patria celestial. Por eso Dios no se avergüenza de llamarse su Dios; al contrario, les ha preparado una ciudad" (v. 16).

Cuando el Jesús resucitado habló con Juan en la isla de Patmos, el Señor le dio a su apóstol un vistazo de la ciudad que estaba edificando en el cielo. Jesús llamó a esta ciudad celestial la ciudad de mi Dios, "la nueva Jerusalén", y dijo que "desciende del cielo de mi Dios", el Señor del cielo y de la tierra, el Vencedor del pecado y de la muerte (Apocalipsis 3:12).

Juan luego escribió: *Vi también que la ciudad santa, la nueva Jerusalén, descendía del cielo, de Dios, ataviada como una novia que se adorna para su esposo* (21:2). Esta ciudad, la nueva Jerusalén, es construida por el Señor "que estaba sentado en el trono" y hace nuevas todas las cosas (v. 5), y es para los vencedores (v. 7), es decir, los creyentes en el Señor Jesucristo. Todos los demás quedan fuera, sufriendo "la segunda muerte", el castigo eterno "en el lago que arde con fuego y azufre" (v. 8).

Nada de esto debería sorprendernos, ya que el castigo de los impíos y la recompensa de los justos es la culminación de todo lo que hemos aprendido acerca de Jesús a medida que se nos ha revelado. Su vida, muerte y resurrección, junto con sus promesas y profecías, apuntan a este momento en que la nueva Jerusalén desciende del cielo y todos los redimidos de la tierra la habitarán. Lo que sí sorprende es la magnitud y magnificencia de la nueva Jerusalén.

Jesús, el constructor de la nueva Jerusalén, también será su Señor. Ese es el aspecto de la nueva tierra que nos resultará más familiar, ¿no es cierto? Tanto ahora como entonces, conocemos a Jesucristo como nuestro Señor. Veamos la ciudad de nuestro Señor.

SU ESTRUCTURA SERÁ SÓLIDA

Juan dijo que la nueva Jerusalén "tenía una muralla grande y elevada, y doce puertas; en cada puerta había un ángel, e inscripciones que correspondían a los nombres de las doce tribus de Israel. Tres puertas daban al oriente, tres puertas al norte, tres puertas al sur, y tres puertas al occidente. La muralla de la ciudad tenía doce cimientos, y en ellos estaban los nombres de los doce apóstoles del Cordero" (Apocalipsis 21:12-14).

Las ciudades antiguas, como la antigua Jerusalén, solían estar rodeadas por altos muros con puertas para proteger a sus ciudadanos, especialmente durante la noche. Soldados hacían guardia en esas puertas para brindar seguridad. Hoy vemos esta práctica en comunidades cerradas con entradas vigiladas por guardias de seguridad. Incluso "el lugar más feliz del mundo", Disneyland, cierra sus puertas cuando los visitantes se van por la noche. Sin embargo, aunque la nueva Jerusalén será similar en diseño a las ciudades antiguas con sus muros, puertas y guardianes angelicales,[8] no necesitará protección alguna y sus puertas jamás se cerrarán (v. 25), porque no existirá nada ni nadie que amenace a sus ciudadanos celestiales (v. 27).

Que Jesús el Señor construya la nueva Jerusalén con muros y puertas no es inusual; pero que la edifique con doce cimientos, cada uno con el nombre de uno de los doce apóstoles, es significativo porque habla de cuán sólida y eterna será la ciudad. Si has estado en Jerusalén y has hecho un recorrido por los túneles del Muro Occidental, probablemente hayas visto una piedra enorme de más de doce metros de largo, más de tres metros de alto y con un grosor estimado entre dos y cuatro metros, con un peso de cientos de toneladas. La nueva Jerusalén tendrá doce piedras similares que sostendrán sus muros.

SU TAMAÑO SERÁ ASOMBROSO

Juan vio a un ángel con "una caña de oro para medir" en la mano, midiendo las dimensiones de las puertas y los muros de la nueva Jerusalén (v. 15). Juan escribió: *La ciudad era cuadrada, pues medía lo mismo de ancho que de largo. Él midió la ciudad con la caña, y de largo y de ancho medía dos mil doscientos kilómetros. También midió la muralla, y medía sesenta y cinco metros, según las medidas empleadas por la gente y que el ángel estaba usando* (vv. 16-17).

La nueva Jerusalén tendrá forma cúbica, ya que su longitud, anchura y altura son iguales.[9] Pero lo que más llama la atención no es su forma sino su tamaño: ¡dos mil cuatrocientos kilómetros de longitud, anchura y altura! Eso le da una superficie de más de cinco millones de kilómetros cuadrados. En comparación, la ciudad de Nueva York ocupa solo 790 kilómetros cuadrados.[10]

Si colocáramos la nueva Jerusalén en los Estados Unidos continentales, su borde norte llegaría a Canadá y el sur a México, y se extendería de las Montañas Apalaches hasta California.

Y si eso no te deja atónito, piensa en la altura de la ciudad. El edificio más alto del mundo es el Burj Khalifa, en Dubái, con una altura de 828 metros y 163 pisos. Pero el Burj Khalifa parece un juguete comparado con la nueva Jerusalén, que tendrá 2400 kilómetros de altura, lo que equivaldría a 660 000 pisos. ¡Eso es más alto que casi 273 montes Everest apilados uno encima del otro!

Si estas cifras no sacuden tu imaginación, considera que el grosor de los muros de la nueva Jerusalén será de 66 metros (v. 17), casi tres cuartos de la longitud de un campo de fútbol americano.

Imaginar una ciudad de este tamaño puede parecer ridículo, lo que lleva a algunos a pensar que el apóstol Juan exageró y que no debemos tomar estas medidas literalmente. Pero Juan especificó que las medidas son "según las medidas empleadas por la gente" (v. 17). Además, el Señor ya ha creado cosas muy grandes antes, como el océano Pacífico, Júpiter y la Vía Láctea, sin mencionar otras galaxias que ya hemos descubierto. Debemos recordar que Jesús el Señor es más grande y su poder creador más vasto de lo que jamás podríamos imaginar.

Permíteme añadir una cosa más sobre el tamaño de la nueva Jerusalén: debe ser lo suficientemente grande como para albergar a todo hombre, mujer y niño redimido desde el tiempo de Adán y Eva hasta el final del reino milenial. No sé cuántas personas serán, ¡pero serán muchas! Obviamente, el Señor lo sabe y está preparando un lugar para cada uno de nosotros. Un matemático calculó que si la nueva Jerusalén tiene forma cúbica, tendría espacio suficiente para 20 mil millones de residentes, cada uno viviendo en una parcela de 30 hectáreas. Además, "sobraría mucho espacio para parques, calles, y otras características que uno esperaría ver en una gran ciudad".[11]

Creo que todo en la nueva Jerusalén será de dimensiones extraordinarias. Tenemos un Dios grande, y en Jesucristo "habita corporalmente toda la plenitud de la Deidad, y... es la cabeza de toda autoridad y poder" (Colosenses 2:9-10). A veces, cuando visualizamos al Jesús de los Evangelios en su humildad, mansedumbre y sencillez, olvidamos al Jesús de la eternidad con su autoridad, gloria y dinamismo.

Al ver a Jesús revelado en los últimos tiempos, recordamos que tenemos un Señor inmenso que puede hacer cosas enormes a nuestro favor. Jesús no tendrá menos poder ni autoridad en el futuro de los que tiene ahora. ¡Él es infinito! Te animo a confiar en el Creador de esta ciudad celestial impresionante para que haga cosas tremendas por ti ahora, ¡porque solo Él es el Señor! Un día verás la ciudad eterna en todo su esplendor; pero, por ahora, tienes a "Cristo en ustedes, la esperanza de gloria" (Colosenses 1:27).

SU ESPLENDOR SERÁ ASOMBROSO

Uno de los inconvenientes de vivir hoy en una gran ciudad es que con tanto cemento y suciedad, muchas ciudades son francamente feas; pero no ocurrirá lo mismo con la Nueva Jerusalén. El Señor, que sabe cómo construir en grande, también sabe cómo construir con belleza. Juan dijo que la Nueva Jerusalén estará llena de "la gloria de Dios y brillaba como una piedra preciosa, semejante a una piedra de jaspe, transparente como el cristal" (Apocalipsis 21:11).

Es emocionante ver una ciudad desde el aire, justo al atardecer, observando cómo la luz se refleja en los rascacielos de cristal; o en la noche, cuando el centro de la ciudad está iluminado. Pero esas experiencias serán apagadas y sin brillo en comparación con el fulgor de la Nueva Jerusalén, no porque reflejará la luz del sol desde el exterior, sino porque reflejará la luz del Hijo desde el interior.

Además de su fuente de luz divina, que brillará desde el centro de la Nueva Jerusalén, el fulgor de la ciudad celestial también vendrá de sus materiales de construcción: *La muralla estaba hecha de jaspe, pero la ciudad era de oro puro, diáfana como el cristal* (v. 18). Según lo que puedo determinar, la ciudad, aunque translúcida para que puedas ver a través de ella (como el cristal transparente), tendrá un tono dorado. La translucidez dorada de la ciudad reflejará su esplendor y simbolizará su pureza.

Las piedras fundamentales (esas doce piedras macizas que sostienen la estructura de la ciudad) no serán de granito gris apagado. Juan escribió: *Los cimientos de la muralla de la ciudad estaban adornados con toda clase de piedras preciosas. El primer cimiento era de jaspe; el segundo, de zafiro; el tercero, de ágata; el cuarto, de esmeralda; el quinto, de ónice; el sexto, de cornalina; el séptimo, de crisólito; el octavo, de berilo; el noveno, de topacio; el décimo, de crisoprasa; el undécimo, de jacinto, y el duodécimo, de amatista* (vv. 19-20). Incluso el fundamento de la ciudad celestial será algo hermoso y opulento, reflejando los colores del arcoíris: verde, azul, rojo, amarillo, índigo y violeta.

Pero eso no es todo. Juan también observó: *Las doce puertas eran doce perlas, es decir, que cada una de las puertas era una perla* (v. 21). Un erudito dijo: "Entre los antiguos, las perlas ocupaban el lugar más alto entre las piedras preciosas, porque su belleza deriva totalmente de la naturaleza, siendo imposible mejorarla con el trabajo humano".[12] Pero no son manos humanas las que están construyendo la ciudad celestial. La belleza de estas enormes perlas se realza bajo el esmerado trabajo del Señor Jesucristo.

Juan termina su descripción de la Nueva Jerusalén del mismo modo que la comenzó: *Y la calle de la ciudad era de oro puro y transparente como el vidrio* (v. 21). Esto es como el piso del templo de Salomón, que estaba hecho de oro puro (1 Reyes 6:30); pero en la Nueva Jerusalén todas las calles de la ciudad estarán pavimentadas con oro.

Todo en la Nueva Jerusalén, desde las calles de oro hasta las puertas de perlas y los muros dorados, declarará el esplendor del Señor. Recuerda: al final, ¡todo se trata de Él!

Esto es exactamente lo que esperaríamos de Jesús el Señor, quien es la perfección de la belleza. El salmista dijo: *Le he pedido al Señor, y sólo esto busco: habitar en su casa todos los días de mi vida, para contemplar su hermosura* (Salmos 27:4).

Todos los días de nuestra vida eterna viviremos en esta hermosa ciudad y adoraremos a Aquel cuyo rostro refleja una belleza trascendente. Que a Jesús le encanta la belleza es algo obvio. Considera sus flores, sus paisajes y sus atardeceres. En el nuevo cielo y la nueva tierra podremos obedecer plenamente el Salmo 29:2: *¡Adoren al Señor en su santuario hermoso!*

Por eso, incluso hoy, intentamos hacer que los entornos que nos rodean sean atractivos. De alguna manera, sabemos que fuimos creados para habitar en un lugar elegante y armonioso. Cada vez que pintamos una habitación, plantamos una flor o diseñamos un patio, estamos tratando de hacer que el mundo que nos rodea se parezca un poco más al cielo. Eso es porque el Señor de la belleza reside en nosotros.

Nuestro Señor "en su momento, Dios todo lo hizo hermoso" (Eclesiastés 3:11). ¡Si este mundo contiene maravillas tan deslumbrantes ahora, solo podemos imaginar cuán hermoso serán el nuevo cielo y la nueva tierra!

UNA NUEVA RELACIÓN

Cuando por fin lleguemos al estado eterno, no solo descubriremos un nuevo cielo y una nueva tierra y una ciudad llamada Nueva Jerusalén. También experimentaremos una nueva calidad en nuestras relaciones. Con nuestros amigos, con los ángeles y con el propio Señor disfrutaremos de la dulzura, la intimidad y la satisfacción que a menudo faltan en la vieja tierra.

Los dos últimos capítulos de la Biblia describen este nuevo tipo de relación. Apocalipsis 21:3 dice: *Aquí está el tabernáculo de Dios con los hombres. Él vivirá con ellos, y ellos serán su pueblo, y Dios mismo estará con ellos y será su Dios*. Más adelante en el capítulo, el Señor dijo: "El que salga vencedor heredará todas las cosas, y yo seré su Dios y él será mi hijo" (v. 7). Al leer los párrafos finales de Apocalipsis, encontramos más ideas sobre lo que esto significa.

EL TEMPLO DE LUZ

Primero, el apóstol Juan describió el templo de luz. En la antigua Jerusalén, el templo era la característica central de la ciudad. Era el punto más alto del paisaje, y la gente podía verlo desde kilómetros de distancia; sin embargo, en la Nueva Jerusalén no habrá un templo físico porque "su templo son el Señor y Dios Todopoderoso, y el Cordero" (v. 22). Podríamos decir que toda la ciudad será el templo del Señor, porque Él la llenará con su presencia y su luz: *La ciudad no tiene necesidad de que el sol y la luna brillen en ella, porque la ilumina la gloria de Dios y el Cordero es su lumbrera* —el Señor Jesucristo— (v. 23).

En los tiempos del Antiguo Testamento, solo el sumo sacerdote podía entrar en el cuarto más interior del templo, en la presencia de Dios, y solo una vez al año; pero en el templo celestial todos seremos bienvenidos, todos "los que están inscritos en el libro de la vida del Cordero" (v. 27), porque las puertas estarán siempre abiertas (vv. 24-25). Vendremos a adorar a Jesús el Señor, trayendo "las riquezas y la honra de las naciones" al templo de luz, la Nueva Jerusalén (v. 26).

EL RÍO DE LA VIDA

En Apocalipsis 21 Juan describió el exterior de la Nueva Jerusalén; pero en el capítulo 22 pintó una imagen del interior. Lo primero que vio Juan fue un río que fluía por la Nueva Jerusalén: *Después me mostró un río límpido, de agua de vida. Era resplandeciente como el cristal, y salía del trono de Dios y del Cordero. En medio de la calle de la ciudad* (vv. 1-2).

Las ciudades antiguas tenían malas condiciones sanitarias. Por las zanjas abiertas que atravesaban el centro de las calles fluían las aguas residuales de la ciudad (un símbolo de decadencia y muerte) llenando el aire de un hedor fétido y moscas. Un ejemplo de esto hoy es el canal de aguas negras que corre por la calle junto al Aeropuerto Internacional Hamid Karzai en Kabul, Afganistán. Durante la evacuación de agosto de 2021, las personas se paraban con el agua hasta la cintura en ese canal inmundo, con la esperanza de escapar del país.

En la Nueva Jerusalén, sin embargo, por la calle principal fluirá agua limpia, clara y refrescante (un símbolo de la vida eterna) cuyas fuentes nacen del trono del Señor. Y todos los que beban profundamente de este río encontrarán satisfacción y bendición por los siglos de los siglos.

Creo que el río de la vida es un río literal, resplandeciente y caudaloso; pero también es una imagen de la gracia vivificadora de nuestro Señor, quien es nuestro descanso y refrigerio. El Salmo 36:8 dice: *En tu templo se sacian de ricos alimentos; tú apagas su sed en un río de aguas deliciosas.* Incluso ahora, nuestras almas pueden ser renovadas cada día cuando acudimos al río de las misericordias de Dios.

EL ÁRBOL DE LA VIDA

Lo siguiente que llamó la atención de Juan fue un árbol que da fruto: *Y a cada lado del río, estaba el árbol de la vida, el cual produce doce frutos y da su fruto cada mes; las hojas del árbol eran para la sanidad de las naciones* (Apocalipsis 22:2).

Este árbol de la vida es el mismo del que se les prohibió comer a Adán y a Eva después de pecar, para que no comieran de él y permanecieran separados del Señor para siempre, perdidos eternamente en su condición pecaminosa (Génesis 3:22-24); pero como el Señor de la vida se sacrificó en la cruz de la muerte y luego resucitó de la tumba, nos concederá libre y total acceso al árbol de la vida.[13]

En la Nueva Jerusalén, el árbol de la vida dará fruto durante todo el año. Cada mes producirá un tipo distinto de fruto que sostendrá la inmortalidad por toda la eternidad para quienes coman de él. Y sus hojas promoverán el bienestar y la salud eterna de todos los ciudadanos de la Nueva Jerusalén.[14]

EL SEÑOR DE LA VIDA

Bañados en el templo de luz, beberemos libremente del río de la vida y comeremos del árbol de la vida por toda la eternidad. Y disfrutaremos del Señor de la vida porque, como escribió Juan: *Allí no habrá maldición. El trono de Dios y del Cordero estará en medio de ella, y sus siervos lo adorarán y verán su rostro, y llevarán su nombre en la frente. Allí no volverá a haber noche; no hará falta la luz de ninguna lámpara ni la luz del sol, porque Dios el Señor los iluminará. Y reinarán por los siglos de los siglos* (Apocalipsis 22:3-5).

Pasaremos la eternidad en actividades significativas y llenas de gozo, sirviendo al Señor. Por primera vez, veremos el rostro del Señor en toda su gloria. En tiempos pasados, nadie podía ver a Dios y seguir con vida (Éxodo 33:20), pero en la Nueva Jerusalén hablaremos con el Señor cara a cara (1 Corintios 13:12), como un amigo habla con su amigo (Éxodo 33:11).

Es difícil comprender la maravilla de todo esto. En el Antiguo Testamento vemos a Jesús solo parcialmente. A veces aparece como el ángel del Señor, y leemos las profecías que lo anuncian como el Mesías. En los Evangelios leemos del humilde ministerio de Jesús en la tierra, como el Cordero que fue sacrificado. En el libro de los Hechos y en las Epístolas vemos a Jesús como Cabeza de su Iglesia, dirigiendo y empoderando la expansión del evangelio a las naciones. Y en el libro de Apocalipsis leemos de Jesús el Señor en su gloria presente y futura, y tratamos de visualizar su grandeza.

Aun así, como dice Pablo en 1 Corintios 13:12: *Ahora vemos con opacidad, como a través de un espejo, pero en aquel día veremos cara a cara*. En ese día lo veremos tal como es, como siempre ha sido y como siempre será. Veremos el resplandor de su rostro, la gloria de su trono, la gracia de sus ojos, la amplitud de su sonrisa, y escucharemos el sonido de su voz exaltada. Y toda rodilla se doblará y toda lengua confesará que Él es el Señor (Filipenses 2:10-11).

UNA NUEVA VIDA

¿No es todo esto una nueva vida? Es nueva en calidad, nueva en cantidad, y nueva en un gozo vivificante. Cuando pienso en estas cosas, me veo a mí mismo orando: "¡Maranata!". Como mencioné en el capítulo 6, esta frase griega es similar a la oración final de la Biblia: "Ven, Señor Jesús" (Apocalipsis 22:20).

Trágicamente, muchas personas mueren sin haber pronunciado jamás esa oración ni haber reconocido el señorío de Cristo. Según su esposa, Barbara, las últimas palabras de Frank Sinatra fueron: "Lo estoy perdiendo".[15] Esa es la condición de todo aquel que entra en la eternidad sin conocer al Señor Jesucristo. Todo lo que han logrado y todo lo que han acumulado se desvanecerá en un instante. Son lanzados a la eternidad sin la esperanza segura que hemos visto en este capítulo. Lo han perdido todo.

Por otro lado, pienso en el predicador británico del siglo XIX William Gadsby. Durante su vida, Gadsby recorrió cien mil kilómetros sin transporte moderno y predicó doce mil sermones sin sistema de sonido. Sus últimas palabras fueron: "¡Pronto estaré con Él! ¡Victoria, victoria, victoria por siempre!".[16]

Porque Jesús es el Señor, ¡pronto estaremos con Él!
Porque Jesús es el Señor, ¡tenemos victoria!
Porque Jesús es el Señor, ¡lo adoraremos por siempre!

Tal vez tú eres como yo, y estás listo para que esta vieja tierra pase y vengan el nuevo cielo y la nueva tierra. Estás listo para vivir en un lugar donde ya no hay pecado ni enfermedad, ni deterioro ni muerte. Estás listo para vivir por siempre en la Nueva Jerusalén y experimentar una nueva relación con el Señor del cielo y de la tierra, una donde puedas hablar con Él cara a cara, sin culpa ni vergüenza.

Si es así, entonces te invito a unirte a mí en esta oración y repetirla a menudo: "¡Maranata! ¡Ven, Señor Jesús!".

9

JESÚS NUESTRO AMIGO

Dos muchachos, Lew Wilcox y Bobby Rohrbach Jr., se conocieron mientras andaban en bicicleta en 1962. Ambos crecieron en familias trabajadoras y temerosas de Dios. Vivían en casas prefabricadas tipo rancho, cada una con una puerta lateral que daba a la cocina. Pasaban las mañanas de los sábados viendo caricaturas juntos. Se apoyaron mutuamente durante los incómodos años de la adolescencia. A ninguno de ellos le gustaba la escuela ni practicaba deportes. En su lugar, recorrían los puestos locales de *root beer* (bebida tradicional en Norteamérica que no contiene alcohol) y asistían a autocines.

Después de la secundaria, planearon recorrer el país en automóvil, pero Bobby fue reclutado y Lew se casó. Mientras Bobby estaba destinado en Alemania, los dos hombres se enviaban grabaciones en cinta de carrete, charlando sobre lo que ocurría en sus vidas. Con el tiempo, ambos se convirtieron en oficiales de policía y con frecuencia conversaban sobre sus casos, liberando la tensión de sus trabajos. Ambos se sometieron a cirugías a corazón abierto y luego se jactaban de las cicatrices iguales en sus pechos.

Lew y Bobby tienen ahora más de setenta años y siguen siendo los mejores amigos. *The Wall Street Journal* los destacó recientemente porque las amistades que duran toda la vida como la de ellos son poco comunes. Cuatro de cada diez estadounidenses dicen no tener un mejor amigo, y eso es especialmente cierto para los varones. Según el artículo, se necesitan trescientas horas de convivencia para desarrollar una amistad realmente cercana, y pocos de nosotros tenemos amistades que abarcan décadas.[1]

Solo piensa: ¿cómo sería tener un amigo que lo sabe todo sobre ti, que siempre responde cuando lo llamas, y que se mantiene a tu lado sin importar lo que pase? Si eres como la mayoría de las personas en esta era de aislamiento y soledad, probablemente anhelas una amistad profunda y duradera. Y por eso quise terminar este libro recordándote algo maravilloso. La Escritura nos dice que Jesús es un amigo "más unido que un hermano" (Proverbios 18:24, RVR-60). Y, por toda la eternidad, tú y yo tendremos el privilegio increíble de disfrutar una comunión cara a cara con Jesús nuestro Amigo (Apocalipsis 22:4).

A estas alturas, no debería sorprenderte que Jesucristo sea el principio y el fin de la profecía bíblica. Como la figura central de los tiempos del fin, Jesús es quien planea, controla, y dirige los eventos que aún están por llegar. En este libro he dado gran importancia a Cristo, no solo porque Él es el tema de la profecía, sino también porque Él es el tema de la eternidad.

Al ver a Jesús revelado en los últimos tiempos, obtenemos una comprensión más profunda de su majestad y soberanía que nos estabiliza, nos fortalece, y nos da una confianza segura con respecto al futuro. Una comprensión más profunda de Cristo, tal como se revela en el futuro, nos ayuda a poner nuestros problemas actuales en perspectiva. Aún más importante, mirar hacia el futuro eleva nuestra adoración al ver con mayor claridad a Jesús en su gloria presente y futura.

Por eso hemos estado viendo a Jesús como el Mesías eterno, el Profeta infalible, el Cordero inmolado para quitar el pecado del mundo, el Vencedor conquistador, el Rey que reina, el Juez justo y el Señor eterno.

Su trono dominará el horizonte de la Nueva Jerusalén, y su autoridad gobernante nos garantizará un hogar seguro y feliz para siempre. Junto con los ángeles alrededor del trono, adoraremos por siempre y cantaremos: *¡Santo, santo, santo es el Señor Dios Todopoderoso!* (Apocalipsis 4:8).

Pero en este capítulo final quiero recordarte que a lo largo de los interminables siglos de la eternidad, Jesús no será un monarca lejano e inaccesible. No se sentará en un trono remoto detrás de muros imponentes o puertas impenetrables. No esconderá su presencia real de nosotros ni limitará su comunión con nosotros. Al contrario, también será por siempre nuestro Amigo.

Algunos cristianos son reacios a relacionarse con Jesús como Amigo, pensando que la amistad con Jesús de alguna manera disminuye su autoridad en nuestras vidas. Tal vez, después de leer sobre cómo Jesús será revelado, exaltado y glorificado en los tiempos del fin, pienses que sería presuntuoso llamarlo "Amigo". Después de todo, ¿cómo podría el Rey majestuoso y triunfante del universo ser también tu Amigo?

Ese es el poder y la belleza del evangelio. Un escritor lo explicó bien cuando dijo: "He escuchado muchas veces el sentimiento: 'Jesús no es nuestro amigo; es nuestro *Rey*'. Pero no tenemos que elegir, porque ambas cosas son verdad: Jesús es nuestro Rey exaltado y es nuestro amigo más verdadero. Esto no minimiza su gloria; la magnifica, porque muestra las riquezas incomparables de su gracia" (Efesios 1:6-7). Solo la gracia puede explicar que el Rey soberano dé la bienvenida a pecadores como amigos suyos".[2]

Si durante su vida terrenal Jesús fue llamado "amigo de publicanos y de pecadores" (Lucas 7:34), ¿cuánto más será el Amigo de su pueblo justo y redimido a lo largo de los siglos venideros?

Si estuvo dispuesto a "poner su vida por sus amigos" (Juan 15:13), ¿cuánto más vivirá con gozo con aquellos por quienes dio su vida?

Si en la tierra dijo: *Ya no los llamaré siervos, [...] los he llamado amigos* (v. 15), ¿cuánto más se acercará a nosotros y satisfará nuestras necesidades relacionales más profundas al pasar la eternidad conociendo mejor y mejor a Jesús nuestro Amigo?

JESÚS: EL AMIGO DEL ANTIGUO TESTAMENTO

¿Alguna vez te has preguntado por qué Dios creó a los seres humanos? Piénsalo: Dios es incapaz de sentirse solo, y no hay nada que podamos darle que Él no tenga ya; sin embargo, en Génesis 3:8, el Señor descendió y caminó en el huerto del Edén al fresco del día, llamando a Adán por su nombre y manifestando su presencia a Adán y Eva. Muchos estudiosos de la Biblia creen que quien disfrutaba de pasear en el jardín era el Hijo de

Dios antes de encarnarse; es decir, Jesús antes de nacer en Belén. Por asombroso que sea, el Señor desea nuestra amistad.

Tres veces en la Biblia, Abraham es llamado "amigo" de Dios (2 Crónicas 20:7; Isaías 41:8; Santiago 2:23). Y Éxodo 33:11 dice: *El Señor hablaba con Moisés cara a cara, como cuando alguien habla con un amigo* (NTV). En todos estos casos, muchos estudiosos bíblicos creen que la figura terrenal que caminó y habló con los patriarcas en el Antiguo Testamento, a menudo referida como el ángel del Señor, fue una aparición preencarnada de Jesucristo.

JESÚS: EL AMIGO DEL NUEVO TESTAMENTO

Anteriormente en este capítulo vimos algunas de las palabras de afecto de Jesús por sus discípulos y por aquellos que seguimos sus pasos. Pero también quiero que observemos cuántas veces Jesús usó la palabra *amigo*.

Una vez, mientras Jesús predicaba en una casa llena de gente, su sermón fue interrumpido por ruidos en el techo. Un grupo de hombres bajó a un paralítico en su camilla justo delante de Jesús. Jesús lo miró y dijo: Amigo, *tus pecados quedan perdonados* (Lucas 5:20, DHH).

En Lucas 12 les dijo a sus oyentes: Amigos *míos, yo les digo a ustedes que no deben temer a los que matan el cuerpo* (v. 4).

En Juan 3:29 llamó a Juan el Bautista "el *amigo* del esposo".

En Juan 11:11 les dijo a sus discípulos: *Nuestro* amigo *Lázaro duerme, pero voy para despertarlo.*

En Juan 15:13-14 dijo: *Nadie tiene mayor amor que éste, que es el poner su vida por sus* amigos. *Ustedes son mis* amigos, *si hacen lo que yo les mando.*

Y en lo que seguramente es el uso más sorprendente de este término en la Biblia, Jesús incluso llamó amigo a Judas en el momento de la traición. "Amigo", le dijo Jesús a Judas mientras lo identificaba ante los soldados romanos, "¿a qué vienes?" (Mateo 26:50).

Jesús también valoró la amistad con los niños, diciéndoles a sus discípulos que los dejaran venir a Él para bendecirlos (19:13-14). Tocó a los leprosos, consoló a las viudas, sanó a los enfermos y se hospedó en casas humildes.

En la última noche de su vida antes de la crucifixión, les dijo a sus discípulos: *¡Cómo he deseado comer con ustedes esta pascua!* (Lucas 22:15). Y Juan escribió: *A los suyos que estaban en el mundo los había amado siempre, y los amó hasta el fin* (Juan 13:1).

Después de su resurrección, Jesús se apareció a dos de sus seguidores que regresaban caminando a Emaús, y los acompañó durante todo el camino de siete millas, hablando con ellos, enseñándoles y consolándoles (Lucas 24:13-27).

En cada página de los cuatro Evangelios encontramos a Jesús relacionándose con aquellos que Él mismo creó: amándolos, compadeciéndose de ellos, y queriendo suplir sus necesidades. Él no es menos nuestro Amigo ahora ni lo será en los siglos venideros.

JESÚS: EL AMIGO ETERNO

A menudo he soñado despierto con ser un miembro más de aquel grupo que caminaba hacia Emaús. ¿Puedes imaginar cómo habría sido pasar la tarde del día de la resurrección caminando por el campo de Israel con Jesús resucitado, absorbiendo sus palabras y percibiendo su amistad y su amor?

Esa maravillosa historia en Lucas 24 es, de cierta manera, profética. Apunta al tiempo en que nosotros también podremos caminar y hablar con nuestro Salvador resucitado. Como ya hemos visto, cuando el apóstol Pablo describió el arrebatamiento de la iglesia, lo expresó así: *Sino que el Señor mismo descenderá del cielo con voz de mando, con voz de arcángel y con trompeta de Dios, y los muertos en Cristo resucitarán primero. Luego nosotros, los que aún vivamos y hayamos quedado, seremos arrebatados juntamente con ellos en las nubes, para recibir en el aire al Señor, y así estaremos con el Señor siempre* (1 Tesalonicenses 4:16-17).

> Fíjate que no dijo: "Y entonces ya no habrá más enfermedad, dolor ni tristeza", aunque eso es cierto.
> No dijo: "Y entonces nunca más moriremos", aunque eso también es cierto.
> Ni siquiera dijo: "Y así estaremos con nuestros seres queridos en Cristo para siempre", aunque también eso es cierto.
> Él dijo: "Y así estaremos con el Señor siempre".

En Filipenses 3:10 Pablo expresó su deseo de conocer a Cristo más profundamente y con mayor intimidad. Su gran esperanza era "¡prosigo a la meta, al premio del supremo llamamiento de Dios en Cristo Jesús!" (v. 14), cuando finalmente vería "cara a cara" y "conoceré tal y como soy conocido" (1 Corintios 13:12).

El último capítulo de la Biblia describe hermosamente la intimidad que tendremos con Jesús nuestro Amigo en la eternidad: *Allí no habrá maldición. El trono de Dios y del Cordero estará en medio de ella, y sus siervos lo adorarán y verán su rostro, y llevarán su nombre en la frente* (Apocalipsis 22:3-4).

JESÚS: TU AMIGO HOY

Por supuesto, no tenemos que esperar hasta la eternidad para disfrutar la amistad de nuestro Señor. Ahora mismo, Jesús tu Amigo quiere caminar contigo, hablar contigo, y decirte que le perteneces.

Mientras escribía este libro, vi un reporte del director general de salud pública de los Estados Unidos, el Dr. Vivek Murthy, quien emitió una advertencia de que nuestra nación enfrenta una "epidemia de soledad". Dijo: "Incluso antes del inicio de la pandemia del COVID-19, aproximadamente la mitad de los adultos en EE. UU. reportaban niveles medibles de soledad".[4]

Como he señalado, nunca en la historia hemos estado más conectados unos con otros. A través de las redes sociales y los dispositivos inteligentes podemos conectarnos instantáneamente con cualquier persona en el mundo. Sin embargo, irónicamente, esas mismas tecnologías que pueden conectarnos están contribuyendo a una creciente sensación de aislamiento, ya que reemplazamos muchas interacciones significativas cara a cara por "amigos" virtuales impersonales.[5]

A nivel humano, necesitamos amigos y familia, y ese es uno de los roles de las iglesias locales como la que yo pastoreo. Cuando nos reunimos para estudiar la Biblia, orar y adorar, lo hacemos como hermanos y hermanas en Cristo, sirviéndolo juntos y satisfaciendo las necesidades mutuas. Pero hay una necesidad aún más profunda en el corazón humano. Fuimos creados para ser amigos de Dios, y en Él encontramos a un Amigo que nunca nos dejará ni nos abandonará (Hebreos 13:5).

Si estás sufriendo de soledad o tienes una mala imagen de ti mismo y piensas que a nadie le interesas, recuerda esto: el Creador del universo está tan interesado en ti, te ama tanto, desea tanto una relación contigo, que murió por ti. Esa es toda la razón de la encarnación. Jesús vino a la tierra y murió por ti porque te valora. Quiere tener una relación contigo. Quiere ser tu Amigo.

Un escritor de antaño señaló que muchos creyentes "adoran a Cristo como Dios, se alimentan de Él en la Comunión, se limpian con su sangre preciosa, miran hacia el tiempo en que lo verán como su Juez; sin embargo, de ese conocimiento íntimo y compañía con Él, en lo que consiste la Divina Amistad, han experimentado poco o nada... Jesús desea ante todo nuestra amistad... Ahora bien, la conciencia de esta amistad de Jesucristo es el verdadero secreto de los santos".[6]

El evangelista D. L. Moody fue el predicador más conocido de su época. En su servicio memorial en 1899, un amigo dijo de Moody: "Él caminaba con Dios, y por eso no tenía que desviarse para hablar con Él. He ido manejando con él por algún camino apartado cerca de Northfield. Estábamos conversando cuando, de repente, se detenía por un momento y hablaba con Dios tan naturalmente como lo haría con un amigo".[7]

¿No debería ser igual para nosotros?

Hace muchos años atrás, un hombre llamado Joseph Scriven dejó su hogar en Irlanda y viajó a Canadá, huyendo de una tragedia en su vida. Encontró paz en su relación con Cristo y se dedicó a hacer obras de bondad por los demás, como proveer leña a las viudas. Cuando se enteró de que su madre estaba enferma en Irlanda, escribió un poema y se lo envió. Jamás imaginó que sus palabras se convertirían algún día en un gran himno de consuelo para millones de personas:

¡Qué amigo nos es Cristo!
¡Cuán gran consuelo es!
Nuestros pecados lleva,
y nuestro padecer.
¡Cuánto perdemos siempre,
cuánta paz sin gozar,
todo porque no llevamos
a Dios en oración![8]

Mi mayor deseo es que conozcas a Jesús nuestro Amigo de una manera personal, salvadora, íntima y eterna. Es fácil leer un libro como este y quedarnos con la impresión de que los tiempos finales están lejos, en algún lugar remoto del futuro. Leer acerca de la desaparición de incontables millones de cristianos en el arrebatamiento, sobre un dictador mundial empoderado con autoridad satánica, y sobre una batalla ganada con solo una palabra pronunciada, nos da la sensación de estar leyendo un libro de fantasía, incluso si creemos que cada palabra de la Biblia es verdadera. A veces nos sentimos tentados a pensar que el futuro es un mundo lejano, algo que no sucederá realmente en nuestro mundo, y mucho menos dentro de nuestras propias vidas.

Es cierto que alcanzamos el futuro "a razón de sesenta minutos por hora"[9]: día a día. Pero el futuro podría aterrizar en tu regazo en cualquier momento, aun antes de que cierres este libro. El arrebatamiento podría ocurrir antes de que apoyes la cabeza en la almohada esta noche. No hay nada que lo impida, salvo el tiempo de Dios.

Y aunque no ocurriera, eso no significa que tu futuro, o el de alguien que conoces y amas, esté lejos. La mayoría de nosotros vivimos como si tuviéramos todo el tiempo del mundo, pero la verdad es que no sabemos lo que traerá la próxima hora, y mucho menos mañana o el día siguiente.

En el libro del Antiguo Testamento de Job vemos que el futuro puede cambiar en un segundo. Un momento estaba viviendo en paz, ocupado en sus asuntos; y al siguiente recibió la noticia de que sus diez hijos habían muerto y su negocio había quebrado (Job 1:13-19). *¡Pum!* Se fue todo en un instante. Por si fuera poco, mientras lamentaba la pérdida de sus hijos y sus bienes, Job fue de pronto afectado por una horrible enfermedad en la piel (2:7-8). Luego dijo: *Pasan mis días más veloces que una lanzadera* (7:6).

En el Nuevo Testamento, Jesús enseñó sobre la incertidumbre del mañana cuando habló de un hombre cuyo éxito lo llevó a construir un granero tras otro para guardar su riqueza; pero en el punto más alto de su éxito, Dios le dijo: *¡Necio! Esta noche vienen a quitarte la vida* (Lucas 12:20). Santiago 4:14 lo expresa de esta manera: *¡Si ni siquiera saben cómo será el día de mañana! ¿Y qué es la vida de ustedes? Es como la neblina, que en un momento aparece, y luego se evapora.*

Amigos míos, esta vida es corta, y un futuro largo nos llama. Llegará un día en que "en el nombre de Jesús se doble toda rodilla…y toda lengua confiese que Jesucristo es el Señor, para gloria de Dios el Padre" (Filipenses 2:10-11). Cuando ese día llegue, solo aquellos que han doblado su rodilla y confesado con su boca hoy experimentarán ese momento glorioso mañana.

TU INVITACIÓN PERSONAL

Aquí está la sencilla verdad: no estás preparado para encontrarte con Cristo en los tiempos finales del futuro hasta que te hayas encontrado con Cristo en estos últimos tiempos del presente. Dicho de otra manera, no te atrevas a encontrarte con Aquel que es el centro de toda la vida mañana si no has hecho de Cristo el centro de tu vida hoy.

¿Cómo puedes hacer eso? La Biblia te muestra cómo ser salvo y luego vivir tu salvación día a día:

- Acepta a Jesús como el Mesías, el Ungido.
- Cree en las profecías de Jesús sobre tu futuro eterno: que el cielo espera a quienes lo reciben, y el infierno a quienes lo rechazan.
- Confía en Jesús como el Cordero de Dios que quita tu pecado.
- Celebra a Jesús como el Vencedor que destruyó el pecado y la muerte, y que un día volverá para destruir el mal.
- Honra a Jesús como el Rey de tu vida.
- Reverencia a Jesús como el Juez que recompensa a los justos y castiga a los malvados.
- Adora a Jesús como el Señor, Aquel que hace nuevas todas las cosas y provee un hogar eterno para tu futuro eterno.
- Y comienza hoy a vivir con la conciencia continua de la amistad de Jesús contigo.

Si te gustaría convertirte en cristiano y saber con certeza que un día serás recibido en el cielo, te invito a hacer esta oración, sabiendo que Dios está escuchando:

Querido Dios,

Gracias por amarme. Reconozco que te he fallado de muchas maneras, y lamento sinceramente el pecado en mi vida. Creo que me amas tanto que enviaste a tu Hijo Jesús a morir en la cruz por mí, para recibir el castigo que merezco por mi pecado. Y en este momento, confío en lo que Jesús hizo por mí y no en mis buenas obras para salvarme de mis pecados. Gracias por perdonarme. Ayúdame a pasar el resto de mi vida sirviéndote. En el nombre de Jesús, amén.

MIS PENSAMIENTOS FINALES

Es mi oración sincera que al leer este libro, reflexionar sobre sus afirmaciones y aplicar sus desafíos, hayas llegado a una mayor comprensión de cómo Jesús es revelado en los últimos tiempos, y a una sensación de asombro más profunda por lo que ha hecho por ti hoy, así como por lo que hará por ti mañana.

A lo largo de mis estudios sobre profecía bíblica he hecho muchas listas, he estudiado muchas gráficas y he leído muchas teorías. Según la Escritura, creo que tengo una comprensión razonable de lo que va a ocurrir al final de los tiempos. Y en mi predicación y mis escritos he tratado de compartir eso con los demás.

Pero hay algo mucho más importante que saber lo *que* va a pasar. Es saber *Quién* va a venir para que todo eso suceda.

Como el Mesías, Jesús se ofreció a sí mismo como el tan esperado Ungido de Israel. Ellos lo rechazaron, pero Él los redimirá y les dará un reino.

Como el Profeta, Jesús anunció lo que les espera en el futuro a judíos y gentiles, tanto para los que entrarán al reino milenial como para los que no.

Como el Cordero, Jesús se sacrificó para quitar el pecado de los injustos. Ahora se sienta en su trono celestial, listo para derramar su ira sobre un mundo malvado.

Como el Vencedor, Jesús volverá a la tierra y destruirá el mal con la palabra de su boca.

Como el Rey, Jesús gobernará sobre la tierra durante mil años, trayendo con Él paz y sanidad.

Como el Juez, Jesús evaluará a los justos y a los injustos, administrando justicia al recompensar a los rectos y castigar a los impíos.

Como el Señor, Jesús redimirá lo viejo y hará nuevas todas las cosas. Construirá una Nueva Jerusalén donde todos los redimidos, tanto judíos como gentiles, vivirán por la eternidad.

Y como nuestro Amigo, Jesús será nuestro compañero cercano por los siglos de los siglos.

Al final, ¡todo se trata de Él!

Con eso en mente, permíteme concluir este libro con una bendición escrita hace casi dos mil años atrás:

Que la gracia y la paz estén con ustedes, de parte del que es, el que era, y el que ha de venir... y de Jesucristo, el testigo fiel, primogénito de entre los muertos y soberano de los reyes de la tierra. Él nos amó; con su sangre nos lavó de nuestros pecados, y nos hizo reyes y sacerdotes para Dios, su Padre. Por eso, a él sea dada la gloria y el poder por los siglos de los siglos. Amén. (Apocalipsis 1:4-6)

RECONOCIMIENTOS

Estoy eternamente agradecido por las muchas bendiciones que Dios ha derramado en mi vida a lo largo de los años, incluyendo a los hombres y las mujeres fieles que constantemente me apoyan, animan y fortalecen. Entre las más grandes bendiciones de Dios en mi vida está el talentoso equipo que Él reunió para este libro, incluyendo a:

Brian Vos, Lindsey Spoolstra, Emma Greydanus y todo el equipo de Baker Books, el mejor socio editorial con el que he trabajado.

Derrick G. Jeter, director creativo de Pathway to Victory, y Jennifer Haney Stair, directora de Pathway Publishing, quienes diligentemente ayudaron a dar forma y pulir el mensaje de este libro.

Sealy Yates, mi agente literario y amigo de muchos años, quien constantemente me brinda sabios consejos y ánimo.

Carrilyn Baker, mi extraordinaria asistente ejecutiva, quien supervisa de manera experta el trabajo de nuestra oficina con una actitud alegre, y Mary Shafer, quien nos ayuda a Carrilyn y a mí de innumerables maneras.

Ben Lovvorn, pastor ejecutivo de First Baptist Dallas, y Michael Clarke, Nate Curtis, Patrick Heatherington, Ben Bugg y el equipo de Pathway to Victory, quienes difunden el mensaje de este libro a millones de personas alrededor del mundo.

Estoy profundamente agradecido por el ánimo y el apoyo de mis maravillosas hijas, Julia y Dorothy, mi yerno Ryan Sadler, y mis nietos trillizos, Barrett, Blake y Blair.

Y en la cima de la lista de bendiciones por las que estoy más agradecido está mi esposa: Amy. Gracias por tu firme apoyo y tu amor incondicional. Eres la mayor bendición de Dios en mi vida.

NOTAS

CAPÍTULO 1: JESÚS EL TEMA DE LA PROFECÍA

1. Hanna Seariac, "Antes de que Jonathan Roumie fuera elegido para interpretar a Jesús en 'Los elegidos', estaba en bancarrota y orando a Dios por ayuda", *Deseret News,* 5 de octubre de 2023, https://www.deseret.com/entertainment/2023/10/5/23904736/who-is-jonathan-roumie.

2. Gideon Jacobs, "Jesús entra a una charcutería", *The New Yorker,* 31 de julio de 2023, https://www.newyorker.com/magazine/2023/08/07/jesus-walks-into-a-deli.

3. El Siervo Sufriente profetizado en Isaías 53 está claramente relacionado con Jesucristo (Mateo 8:17; Lucas 22:37; Hechos 8:32-35; 1 Pedro 2:21-25). Para más información, ver Robert Jeffress, *The Power of the Cross* (Dallas: Pathway to Victory, 2024), pp. 64-65.

4. Para un estudio más profundo sobre lo que la Biblia revela acerca del cuerpo glorificado de Jesús, así como nuestros futuros cuerpos glorificados, ver Robert Jeffress, *A Place Called Heaven: 10 Surprising Truths about Your Eternal Home* (Grand Rapids: Baker, 2017), pp. 155-168.

5. Robert Jeffress, *Are We Living in the End Times? Biblical Answers to 7 Questions about the Future* (Dallas: Pathway to Victory, 2023).

6. Howard G. Hendricks y William D. Hendricks, *Living by the Book* (Chicago: Moody, 1991), p. 19.

7. Robert Jeffress, *Final Conquest: A Verse-by-Verse Study of the Book of Revelation* (Dallas: Pathway to Victory, 2020), pp. 6-7.

8. La fuente original de esta cita no está clara, pero a menudo se le atribuye a Hal Lindsey, autor de *La agonía del gran planeta tierra*.

9. Algunas personas usan la expresión "los últimos tiempos" para describir el periodo que va desde el arrebatamiento hasta el milenio y el establecimiento del nuevo cielo y la nueva tierra, pero creo que esta frase se aplica específicamente al tiempo entre el arrebatamiento y la segunda venida de Cristo, como Jesús lo describió en su discurso sobre el fin de los tiempos dado a sus discípulos en el Monte de los Olivos (Mateo 24-25).

10. En el *sketch* de apertura de *Saturday Night Live* del 13 de septiembre de 2008, Tina Fey imitó a Sarah Palin y bromeó diciendo: "¡Puedo ver Rusia desde mi casa!". Sin embargo, en la entrevista real de Palin con Charlie Gibson en *ABC News* el 11 de septiembre de 2008, sus palabras fueron: "Son nuestros vecinos, y en realidad puedes ver Rusia desde tierra aquí en Alaska". Ver "Palin on Her Insight into Russian Politics", video de YouTube, 0:12, subido por cdc530, 11 de septiembre de 2008, https://www.youtube.com/watch?v=JXL86v8NoGk.

CAPÍTULO 2: JESÚS EL MESÍAS

1. "Illuminated Messiah", *Gagnon Atelier Fine Art*, consultado en línea 23 de mayo de 2024, https://www.gagnonatelier.com/page/35081/illuminated-messiah.

2. Timothy Gagnon, *The Illuminated Messiah Bible: 66 Portraits of Jesus* (Savage, MN: BroadStreet Publishing Group, 2023).

3. Para más información sobre las profecías del Antiguo Testamento acerca de Jesús, ver Robert Jeffress, *Jesus: The Fulfillment of God's Prophecies* (Dallas: Pathway to Victory, 2018).

4. Darrell L. Bock, *Studying the Historical Jesus: A Guide to Sources and Methods* (Grand Rapids: Baker Academic, 2002), p. 131; ver también las páginas 132-135 sobre el interés o la anticipación de la venida del Mesías entre las diversas sectas judías.

5. Otros testimonios importantes sobre Jesús como el Mesías incluyen el testimonio de los ciegos (Juan 9:1-38), el interrogatorio de Caifás (Mateo 26:57-68; Marcos 14:53-65; Lucas 22:66-71), y la pregunta y decisión de Pilato (Mateo 27:11-14; Marcos 15:2-15; Lucas 23:2-5; Juan 18:29-38). Ver también Mateo 1:16; 16:16, 20; Marcos 1:1; Lucas 4:17-21; Juan 1:41; 4:25-26; 7:27; Hechos. 3:6.

6. Ver Isaías 9–11; 52:13-53:12; Amós 9:11-15; Ezequiel 34–36; Daniel 2 y 7.

7. Ver también Marcos 8:29; Lucas 9:20.

8. Sobre la profecía de Daniel acerca del momento de la aparición del Mesías, ver John F. Walvoord, *End Times: Understanding Today's World Events in Biblical Prophecy* (Nashville: Word Publishing, 1998), p. 116; J. Dwight Pentecost, "Daniel", en *El Conocimietno Bíblico: Antiguo Testamento,* editado por John F. Walvoord y Roy B. Zuck (Wheaton: Victor Books, 1986), p. 1363; y Harold W. Hoehner, *Chronological Aspects of the Life of Christ* (Grand Rapids: Academie Books, 1977), pp. 135, 138-139.

9. Este fue el segundo templo que Zorobabel y los exiliados babilonios reconstruyeron después de que Nabucodonosor destruyera el templo de Salomón en el año 586 a. C. La construcción del segundo templo comenzó en el año 536 a. C. (Esdras 3:8-10) y se completó en el 515 a. C. (6:15). Herodes el Grande amplió significativamente el área alrededor del templo, comenzando en algún momento del año 20 a. C., creando un complejo de edificios. Completó su expansión en el año 64 d. C., solo seis años antes de que Roma lo destruyera. Ver Josefo, *Guerras de los Judíos,* 5.5, en *Josefo: Obras Completas,* trad. William Whiston (Grand Rapids: Kregel, 1967), pp. 554-556.

10. Ver también Mateo 23:38; Lucas 21:24; y Daniel 9:26. Ver también Josefo, *Guerras de los Judíos,* 7.1.1.

11. Ver también Marcos 13:2; Lucas 19:44.

12. Steve Miller, *Foreshadows: 12 Megaclues That Jesus' Return Is Nearer Than Ever* (Eugene, OR: Harvest House, 2022), p. 24.

13. Mark Twain, *The Innocents Abroad or the New Pilgrim's Progress: Being Some Account of the Steamship Quaker City's Pleasure Excursion to Europe and the Holy Land* (Nueva York: Heritage Press, 1962), pp. 464-465.

14. Para una breve historia del regreso moderno de los judíos a la tierra de Israel y estadísticas sobre las creencias religiosas de los judíos actuales, ver Miller, *Foreshadows*, pp. 24-25, 27.

15. Ver también Isaías 2:12-21; 13:6; 34:1-8; Jeremías 46:10; Ezequiel 30:3; Daniel 9:27; 12:1; Joel 1:15; 2:1-2, 11; Amós 5:18-20; Miqueas 1:2-5; Sofonías 1:2–3:8; Zacarías 14:1-8, 12–15; Mateo 24–25; Apocalipsis 6–18.

16. Holly Burns, "Para disfrutar más la vida, abraza la anticipación", *New York Times*, 31 de mayo de 2022, www.nytimes.com/2022/05/31/well/mind/anticipation-happiness.html.

CAPÍTULO 3: JESÚS EL PROFETA

1. Kai-Fu Lee y Chen Quifan, *AI 2041: Ten Visions of Our Future* (Nueva York: Random House, 2021), xvi.

2. Lee y Quifan, *AI 2041*, p. 29.

3. Lee y Quifan, *AI 2041*, p. 55.

4. Lee y Quifan, *AI 2041*, p. 208.

5. Lee y Quifan, *AI 2041*, p. 307.

6. Los cinco capítulos de 1 Tesalonicenses mencionan o hacen alusión al arrebatamiento: 1:10; 2:19; 3:13; 4:13-18; 5:1-10, 23.

7. Para conocer detalles sobre las diferentes posturas con respecto al arrebatamiento, así como la razón por la que prefiero la posición pretribulacional, ver Robert Jeffress, *Perfect Ending: Why Your Eternal Future Matters Today* (Brentwood: Worthy Publishing, 2014), pp. 79-86.

8. Christopher Parker, "A 4,000-Year-Old Cemetery Discovered Beneath Future Rocket Launch Pad in U.K.", *Smithsonian,* 1 de agosto de 2023, https://www.smithsonianmag.com/smart-news/bronze-age-cemetery-rocket-launch-uk-180982633/.

9. Thomas Hobbes, *Leviathan* (Nueva York: E. P. Dutton and Co., 1950), 103, parafraseado.

10. Ver también Isaías 13:9-10; 34:4; Ezequiel 32:7; Joel 2:31; 3:15; Amós 8:9; Hageo 2:6; Zacarías 14:6; Apocalipsis 6:12-14.

11. Ver Éxodo 10:4; 24:6; 31:21; 40:34-35; 1 Reyes 8:11; 2 Crónicas 5:13-14; Ezequiel 1:28.

12. Ver Isaías 27:12-13. Las trompetas se mencionan frecuentemente en la escatología, como en el llamado de la Iglesia de Cristo a casa durante el arrebatamiento (1 Corintios 15:52; 1 Tesalonicenses 4:16) y las siete trompetas que suenan en juicio durante la tribulación (Apocalipsis 8:2, 6-8, 10, 12-13; 9:1, 14; 11:15).

CAPÍTULO 4: JESÚS EL CORDERO

1. Caitlin O'Kane, "La oveja más solitaria de Gran Bretaña es rescatada por un grupo de granjeros tras estar atrapada al pie de un acantilado por al menos 2 años", *CBS News,* 6 de noviembre de 2023, https://www.cbsnews.com/news/loneliest-sheep-fiona-rescued-scotland-farmers-cliff-for-2-years/; Jeanne Moos, "'Free Fiona': la oveja más solitaria del mundo es rescatada tras pasar 2 años en una cueva", *ABC 7 Chicago,* 8 de noviembre de 2023, https://abc7chicago.com/worlds-loneliest-sheep-free-fiona-the-rescued/14027518/.

2. Giancarlo Rinaldi, "La oveja más solitaria de Gran Bretaña llega a su nuevo 'hogar para siempre'", *BBC*, 6 de noviembre de 2023, https://www.bbc.com/news/uk-scotland-south-scotland-67332287.

3. Ver Números 9:12; Salmos 34:20; 1 Pedro 1:19.

4. Primera de Juan 2:2 dice: "Y él [Jesús] es la propiciación por nuestros pecados; y no solamente por los nuestros, sino también por los de todo el mundo". Yo creo que Cristo murió por todos. Creo que la Escritura enseña que la salvación está disponible para todos. Ahora bien, el argumento es: "Entonces, si Jesús murió por todos, ¿significa eso que todos son salvos?". No. No significa que todos sean salvos. Aunque la salvación es para todos, debemos aceptar y confiar personalmente en el sacrificio de Cristo. Hay un dicho que nos ayuda a entender esta verdad: "La muerte de Cristo es suficiente para todos, pero eficaz solo para quienes creen". Creo que esa es una buena manera de entenderlo. Todos son bienvenidos, pero solo los que creen serán salvos.

5. Jeffress, *Final Conquest*, pp. 90-91.

6. Janie Southard, "In Hot Pursuit", *Sagemont Church*, 11 de mayo de 2011, https://www.sagemontchurch.org/article/in-hot-pursuit/.

7. Para conocer detalles sobre lo que ocurrirá durante la tribulación, ver Jeffress, *Final Conquest*, 99–271.

8. Jeffress, *Final Conquest*, p. 116.

9. Ver también Mateo 24:14.

10. Para más detalles sobre el día del Señor, ver Robert Jeffress, *Mysteries of the End Times: 5 Little Known Truths about God's Plan for the Future* (Dallas: Pathway to Victory, 2023), pp. 37-53.

11. *Nature Video*, "¿Cuántos árboles hay en el mundo?", *Scientific American*, 9 de septiembre de 2015, https://www.scientificamerican.com/article/how-many-trees-are-there-in-the-world-video/.

12. DNews, "Dos tercios de las especies marinas aún se desconocen", *Seeker*, 13 de diciembre de 2012, https://www.seeker.com/two-thirds-marine-species-remain-unknown-1766300637.html.

13. El "¡Ay!" en la Escritura es una proclamación de castigo divino. Hay ejemplos bíblicos de ayes dobles (Ezequiel 16:23; Apocalipsis 18:10, 16, 19), pero Apocalipsis 8:13 es la única mención de un triple ay, anunciando calamidades aún peores por llegar.

14. Charlotte Elliot, "Tal como soy, sin más decir", 1836, de dominio público.

CAPÍTULO 5: JESÚS EL VENCEDOR

1. H. G. Wells, *The War That Will End War* (Nueva York: Duffield & Co., 1914), p. 14.

2. Esta es una estimación conservadora de las bajas militares y civiles. La cifra real podría superar los 135 millones. Ver "Research Starters: Worldwide Deaths in World War II", *National WWII Museum*, consultado en línea 23 de mayo de 2024, https://www.nationalww2museum.org/students-teachers/student-resources/research-starters/research-starters-worldwide-deaths-world-war.

3. George Santayana, "Tipperary", en *Soliloquies in England and Later Soliloquies* (Nueva York: Charles Scribner's Sons, 1922), p. 103.

4. Derrick G. Jeter, "Bible Companion Text", en *Daniel: God's Plan for the Future*, vol. 2, compilado por el Ministerio de Enseñanza Bíblica de Charles R. Swindoll (Frisco, TX: IFL Publishing House, 2008), 16.

5. Daniel 7:2 se refiere al "gran mar", una designación común para el mar Mediterráneo (Números 34:6-7; Josué 1:1, 4; 15:12, 47; 23:4; Ezequiel 47:10, 15, 20; 48:28).

6. Daniel 7:3-7 describe cuatro bestias: un león con alas (Babilonia), un oso inclinado hacia un lado (Persia), un leopardo con cuatro alas y cuatro cabezas (Grecia), y una bestia "espantosa y terrible, y extremadamente fuerte" (Roma). Daniel dijo que la cuarta bestia tenía diez cuernos que crecían de su cabeza (v. 7), pero luego surgió un undécimo cuerno, "un cuerno más pequeño", que derribó tres de los cuernos (v. 8). Este es el Anticristo.

7. Para la idea de ver el Armagedón como una campaña de batalla dividida en fases, estoy en deuda con Ron Rhodes, *The End Times in Chronological Order* (Eugene, OR: Harvest House, 2012), pp. 164-175.

8. Ver también Joel 3:9-17.

9. Citado en Warren W. Wiersbe, *The Wiersbe Bible Commentary: The Complete New Testament in One Volume* (Colorado Springs: David C Cook, 2007), p. 1071.

10. Ver Jeffress, *Mysteries of the End Times*, pp. 19-36.

11. Ver también Miqueas 2:12-13, que habla de reunir a Israel como ovejas en un redil; *bozrah* es hebreo para redil o encierro.

12. Ver también Isaías 13:19; Jeremías 50:13-14, 23-25; Apocalipsis 18:21.

13. Ver también Joel 2:28-32; Zacarías 12:1–13:1; Mateo 23:37-39; Romanos 11:25-27.

14. Zacarías 13:7-9 indica que alrededor de dos tercios del pueblo judío perderán la vida durante el periodo de tribulación de siete años. Sin embargo, un tercio (el remanente) sobrevivirá, se volverá a Jesús con fe y será salvo (Isaías 64:1-12). Ver también 1 Pedro 4:13; Apocalipsis 1:7.

15. Ver Isaías 34:1-7; 63:1–6; Habacuc 3:3; Miqueas 2:12-13.

16. Ver también Joel 3:14-16; Mateo 24:29.

17. Harry S. Truman, "Discurso en San Francisco durante la sesión de clausura de la Conferencia de las Naciones Unidas, 26 de junio de 1945", *The American Presidency Project*, consultado en línea 23 de mayo de 2024, https://www.presidency.ucsb.edu/documents/address-san-francisco-the-closing-session-the-united-nations-conference.

18. John F. Kennedy, "Discurso ante la Asamblea General de las Naciones Unidas, 25 de septiembre de 1961", en *Let the Word Go Forth: The Speeches, Statements, and Writings of John F. Kennedy, 1943–1963*, editado por Theodore C. Sorensen (Nueva York: Delacorte Press, 1988), p. 378.

CAPÍTULO 6: JESÚS EL REY

1. Siba Jackson, "Photographer Reveals Story behind Queen's Last Public Picture", Sky News, 9 de septiembre de 2022, https://news.sky.com/story/photographer-reveals-story-behind-queens-last-public-picture-12693487; Erin Hill, "Queen Elizabeth's Final Moments Before Her Death Revealed in New Book", People, 12 de enero de 2024, https://people.com/queen-elizabeth-final-moments-before-death-revealed-8425916#.

2. La palabra milenio, proveniente de dos palabras latinas (*mille*, que significa "mil", y *annum*, que significa "años"), no aparece en la Biblia, pero describe adecuadamente la duración del reinado terrenal del Rey con base en Apocalipsis 20:2, 3, 4.

3. Ver también 2 Pedro 2:4; Judas 6.

4. Lo más probable es que el banquete de bodas del Cordero también tenga lugar durante este periodo intermedio de cuarenta y cinco días (Mateo 22:2-14; Lucas 14:15-24; Apocalipsis 19:9). Para más detalles, ver Jeffress, *Mysteries of the End Times*, pp. 55-72.

5. Leon Wood, citado en Donald K. Campbell, *Daniel: God's Man in a Secular Society* (Grand Rapids: Discovery House, 1988), p. 184.

6. Para una discusión más completa sobre reinar con Cristo, ver Jeffress, *Place Called Heaven*, pp. 109-115.

7. Ver Isaías 1:19-28; 26:2; 65:11-12; 66:15-16; Jeremías 25:27-33; 30:23-24; Ezequiel 11:21; 20:33-44; Daniel 7:18, 22; Miqueas 5:9-15; Zacarías 13:9; Malaquías 3:2-6, 18; 4:3.

8. Sobre el aumento de elevación de Jerusalén y su papel como capital del Mesías, ver Zacarías 14:14, así como Salmos 2:6; Isaías 2:2; 24:23.

9. Ver Miqueas 4:1-5; Sofonías 3:14-20; Zacarías 14:14.

10. Ver también Apocalipsis 3:21; 5:10; 20:6; 22:5.

11. Ver Isaías 9:6-7; Jeremías 30:9; Ezequiel 34:23-24; 37:24-25; 44:1-3; 45:9-25; 48:22; Oseas 3:5.

12. Ver Isaías 44:3; Ezequiel 37:14, 27-28; Joel 2:28–29; Zacarías 2:10-13.

13. Ver Salmos 22:27; 85:10-11; Isaías 35:8-10; 46:13; 51:5; 60:21; Jeremías 31:33; Joel 3:17; Sofonías 3:9; Zacarías 8:3, 23; Malaquías 1:11.

14. NYC Shepherd, "Jesus, Billy Graham and Me", NYC Shepherd (blog), 21 de febrero de 2018, https://nycshepherd.com/2018/02/21/jesus-billy-graham-and-me/.

CAPÍTULO 7: JESÚS EL JUEZ

1. Leonard v. B. Sutton, "Political Asylum and Other Concerns: Some Reflections on the World, Yesterday and Today", *Denver Journal of International Law and Policy* 19, n. 3 (enero de 1991), p. 477.

2. Dado que Apocalipsis 4:10 menciona que los veinticuatro ancianos en el cielo ya han recibido sus coronas al inicio de la tribulación, asumimos que el tribunal de Cristo tendrá lugar inmediatamente después del rapto. Sin duda ocurre antes de Apocalipsis 19:8, cuando la Iglesia regresa con Cristo al final de la tribulación.

3. Aunque la Escritura guarda silencio sobre el juicio de los creyentes del milenio, no es descabellado suponer que los muertos en Cristo durante el reino milenial resucitarán al final del milenio y, junto con los creyentes que estén vivos, pasarán por un juicio *bema* similar al que ocurrirá después del rapto de la Iglesia. Independientemente de cuándo o cómo juzgue Jesús a estos creyentes, tanto los resucitados como los vivos en cuerpos mortales recibirán cuerpos glorificados aptos para la eternidad.

4. Ver también Ezequiel 39:25-28.

5. Algunos intérpretes han argumentado que el juicio de los gentiles es el mismo que el juicio ante el gran trono blanco de Apocalipsis 20:11-13, que ocurre al final del reino milenial. Ver Rhodes, *The End Times in Chronological Order*, p. 180, para ver por qué esto no es así.

6. Ver Walvoord, *End Times*, p. 176.

7. La idea aquí no es que estos incrédulos serán arrojados de inmediato al lago de fuego después de este juicio, sino que *eventualmente* lo serán; allí pasarán la eternidad. Mientras tanto, después del juicio de los gentiles, estos incrédulos serán ejecutados y sus espíritus habitarán en el hades, el lugar de espera de los muertos incrédulos, durante mil años. Luego serán resucitados y comparecerán nuevamente ante el Juez en el juicio ante el gran trono blanco (Apocalipsis 20:11-13).

8. J. Dwight Pentecost, *The Words and Works of Jesus Christ: A Study of the Life of Christ* (Grand Rapids: Zondervan, 1981), p. 410. Ver también Stanley D. Toussaint, *Behold the King: A Study of Matthew* (Portland: Multnomah Press, 1981), p. 291.

9. Ver Mateo 28:1-6; Marcos 16:1-6; Lucas 24:1-6; Juan 20:1-9.

10. Ver también Romanos 3:12.

11. Aunque está fuera del alcance de este libro, las obras de los incrédulos no solo los condenan, sino que también determinan el grado de castigo que cada uno sufrirá (Mateo 10:15; 16:27; Lucas 12:47-48; Apocalipsis 20:12-13; 22:12), aunque todos serán arrojados al lago de fuego.

12. La Biblia también se refiere a este lugar como "horno de fuego" (Mateo 13:42), "fuego eterno" (18:8), "infierno" (Marcos 9:47), "el fuego que nunca se apaga" (v. 48) y "el lago de fuego que arde con azufre" (Apocalipsis 19:20).

13. Para más detalles sobre el infierno, ver Jeffress, *Perfect Ending*, pp. 204-210; Jeffress, *Place Called Heaven*, pp. 127-139; y Robert Jeffress, *Outrageous Truths: 7 Absolutes You Can Still Believe* (Colorado Springs: Waterbrook, 2008), pp. 71-92.

14. Annie Reneau, "'Nicest Judge in the World' Reveals the $300 Case That Pushed Him to Rule with Compassion", *Upworthy*, 16 de febrero de 2024, https://www.upworthy.com/nicest-judge-in-the-world-reveals-the-300-case-that-pushed-him-toward-compassion; ver también *Caught in Providence*, https://www.caughtinprovidence.com.

15. John Needham, "Behold, He Comes—The Judge Appears", 1768, de dominio público.

CAPÍTULO 8: JESÚS EL SEÑOR

1. "Para mantener el futuro de Europa en nuestras manos, necesitamos la revolución de la esperanza", VoxEurop, 9 de mayo de 2023, https://voxeurop.eu/en/europe-future-hands-revolution-hope/.

2. Ver también Romanos 6:4; Gálatas 6:15.

3. Nika Shakhnazarova, "Arnold Schwarzenegger dice que el cielo es una 'fantasía': 'Cualquiera que te diga lo contrario es un maldito mentiroso'", Nueva York Post, 6 de junio de 2023, https://nypost.com/2023/06/06/arnold-schwarzenegger-says-heaven-is-a-fantasy-we-wont-see-each-other-again/.

4. Ver también Salmos 102:25-26; Isaías 51:6; 65:17; 2 Pedro 3:7-13.

5. W. A. Criswell, "El cielo nuevo y la nueva tierra", sermón, First Baptist Church of Dallas, Texas, 14 de julio de 1963, https://wacriswell.com/sermons/1963/the-new-heaven-and-new-earth/. Ver también W. A. Criswell, Expository Sermons on Revelation, vol. 5 (Grand Rapids: Zondervan, 1966), pp. 104-06.

6. Para una discusión más completa sobre este tema, ver Jeffress, *Place Called Heaven*, pp. 98-120.

7. La palabra "cielo" se usa de cuatro maneras diferentes en la Biblia: el *primer cielo* es la atmósfera, el aire que respiramos; el *segundo cielo* es el espacio exterior donde están el sol, la luna y las estrellas; el *tercer cielo* es donde reside Dios, donde residen los espíritus de los difuntos en Cristo (2 Corintios 5:8; 12:2); el *cuarto cielo* es el nuevo cielo y nueva tierra, cuya capital es la Nueva Jerusalén. Para más detalles sobre esto, ver Jeffress, *Final Conquest*, pp. 317-18.

8. Estos ángeles guardianes son un recordatorio de los querubines con la espada de fuego que custodiaban la entrada al Edén, protegiendo el acceso al árbol de la vida (Génesis 3:24).

9. La forma cúbica de la Nueva Jerusalén está destinada a recordar a sus ciudadanos el Lugar Santísimo, el lugar de morada de Dios en el templo de Salomón, que también tenía forma cúbica (1 Reyes 6:20).

10. Sam Roberts, "Sigue siendo una gran ciudad, solo que no tan grande", *New York Times*, 22 de mayo de 2008, https://www.newyorktimes.com/2008/05/22/nyregion/22shrink.html.

11. Ron Rhodes, *What Happens After Life? 21 Amazing Revelations about Heaven and Hell* (Eugene, OR: Harvest House, 2014), p. 69.

12. Robert L. Thomas, *Revelation 8-22: An Exegetical Commentary* (Chicago: Moody, 1995), p. 473.

13. Para más detalles sobre el árbol de la vida en la Nueva Jerusalén, ver Jeffress, *Mysteries of the End Times*, pp. 91-106.

14. La palabra griega para "sanidad" en Apocalipsis 22:2 es *therapeian*, de donde obtenemos la palabra "terapéutico", que significa literalmente "que da salud". Dado que no habrá enfermedades ni muerte en la Nueva Jerusalén, las hojas del árbol de la vida promueven el pleno disfrute de la vida.

15. Kristin Winiarski, "Dentro de la muerte de Frank Sinatra, desde sus conmovedoras últimas palabras hasta las consecuencias polémicas", All That's Interesting, 18 de agosto de 2022, https://allthatsinteresting.com/frank-sinatra-death#.

16. Herbert Lockyer, *Last Words of Saints and Sinners* (Grand Rapids: Kregel, 1969), p. 67.

CAPÍTULO 9: JESÚS NUESTRO AMIGO

1. Clare Ansberry, "Han sido amigos durante 60 años", Wall Street Journal, 4 de septiembre de 2023, https://www.wsj.com/health/wellness/theyve-been-friends-for-60-years-lew-and-bobby-have-figured-out-what-most-men-dont-e44063ac.

2. Drew Hunter, "Qué amigo tenemos en Jesús", Desiring God, 11 de diciembre de 2018, https://www.desiringgod.org/articles/what-a-friend-we-have-in-jesus.

3. C. Austin Miles, "In the Garden", 1913, de dominio público.

4. ASH Media, "El nuevo aviso del Cirujano General alerta sobre el devastador impacto de la epidemia de soledad y aislamiento en los Estados Unidos", Departamento de Salud y Servicios Humanos de EE. UU., 3 de mayo de 2023, https://www.hhs.gov/about/news/2023/05/03/new-surgeon-general-advisory-raises-alarm-about-devastating-impact-epidemic-loneliness-isolation-united-states.html.

5. Robert Jeffress, *Invincible: Conquering the Mountains That Separate You from the Blessed Life* (Grand Rapids: Baker Books, 2021), p. 165.

6. Robert Hugh Benson, *The Friendship of Christ* (Nueva York: Longmans, Green and Co., 1912), pp. 7, 9-10.

7. William Revell Moody, *The Life of D. L. Moody* (Nueva York: Fleming H. Revell, 1900), p. 581.

8. Joseph Scriven, "What a Friend We Have in Jesus", 1855, de dominio público.

9. C. S. Lewis, *The Screwtape Letters* (San Francisco: HarperSanFrancisco, 2001), p. 139.

ACERCA DEL AUTOR

El DR. ROBERT JEFFRESS es el pastor principal de la iglesia First Baptist Church en Dallas, Texas, que cuenta con dieciséis mil miembros, y colaborador de Fox News. Cuenta con más de cuatro mil intervenciones en programas de radio y televisión y aparece regularmente en las principales plataformas digitales como *Fox News Channel's, Fox & Friends, Hannity, Fox News@ Night*, y *Varney&C.*, así como en *Real Time with Bill Maher* en HBO.

Establecida en 1996, *Pathway to Victory* existe para penetrar las tinieblas con la luz de la Palabra de Dios mediante los medios de comunicación más eficaces disponibles. El programa radial diario se emite en más de mil estaciones. El programa de televisión diario se puede ver de lunes a viernes y cada domingo en más de once mil sistemas de cable y por satélite, incluyendo Trinity Broadcasting Network, donde ha sido el programa número uno más visto desde 2020. Las retransmisiones de *Pathway to Victory* alcanzan todos los grandes mercados de los Estados Unidos, y 195 países de todo el mundo. Además, *Pathway to Victory* ministra de forma global mediante *podcasts*, redes sociales y otros medios digitales. En cada retransmisión diaria, el Dr. Jeffress provee una aplicación práctica de la Palabra de Dios a la vida cotidiana mediante una enseñanza bíblica clara y veraz.

El Dr. Jeffress es el autor de más de treinta libros, entre los que se incluyen *Perfect Ending, Not All Roads Lead to Heaven, A Place Called Heaven, Choosing the Extraordinary Life, Courageous, Invincible, 18 Minutes with Jesus, What Every Christian Should Know, Are We Living in the EndTimes?* y *The 10*.

El Dr. Jeffress obtuvo un Doctorado en Ministerio (DMin) del Southwestern Baptist Theological Seminary, una Maestría en Teología (ThM) del Dallas Theological Seminary y una Licenciatura en Ciencias (BS) de la Universidad de Baylor. En mayo de 2010 recibió el título de Doctor en Divinidad por la Dallas Baptist University. En junio de 2011, el Dr. Jeffress fue reconocido como Alumno Distinguido del Año por el Southwestern Baptist Theological Seminary. También es profesor adjunto en el Dallas Theological Seminary.

El Dr. Jeffress y su esposa Amy tienen dos hijas y tres nietos.

CONECTE CON EL DR. ROBERT JEFFRESS

@DrJeffress

@RobertJeffress

@RobertJeffress